Günter R. Daghofer

JAGEN IST MEHR ALS...

Stocker

stv

Günter R. Daghofer

JAGEN ist mehr als...

Hintergründige & humorvolle Jagderzählungen

Leopold Stocker Verlag
Graz – Stuttgart

Umschlaggestaltung: Thomas Hofer, Graz
Umschlagfoto: Manfred Danegger, Owingen-Billafingen
Autorenfoto: Konrad Rainer, Salzburg

Bibliografische Information Der Deutschen Bibliothek
Die Deutsche Bibliothek verzeichnet diese Publikation in der Deutschen Nationalbibliografie; detaillierte bibliografische Daten sind im Internet über http://dnb.ddb.de abrufbar.

Hinweis
Dieses Buch wurde auf chlorfrei gebleichtem Papier gedruckt. Die zum Schutz vor Verschmutzung verwendete Einschweißfolie ist aus Polyethylen chlor- und schwefelfrei hergestellt. Diese umweltfreundliche Folie verhält sich grundwasserneutral, ist voll recyclingfähig und verbrennt in Müllverbrennungsanlagen völlig ungiftig.

ISBN 3-7020-1010-6

Printed in Austria
Layout: Klaudia Aschbacher, A-8101 Gratkorn
Gesamtherstellung: Ueberreuter Buchproduktion

Inhalt

Für Lina und Bruno, damit sie, wenn sie erwachsen sind, wissen, was die Jagd ihrem Großvater bedeutet hat.

*Günter R. Daghofer mit seinen Hunden
vor seiner Jagdhütte*

Vorwort

Jagd ist mehr als Beute machen! Richtig verstandenes Weidwerk umschließt immer die ganze Persönlichkeit eines Jägers, egal ob dieser in der Natur unterwegs ist oder sich auf dem gesellschaftlichen Parkett bewegt. Der Autor dieses Buches ist Weidmann! Als langjähriger leitender Angestellter der Kammer für Land- und Forstwirtschaft in Salzburg kennt er natürlich die gestandene, urwüchsige Bauernjagd, war aber auch als wandernder Jäger in vielen Revieren und Jagdgebieten diesseits und jenseits unserer Grenzen unterwegs, und als kulturbeflissener, traditionsbewußter Österreicher weiß er den vielfältigen Einfluß der Jagd auf Kunst und Brauchtum sehr zu schätzen.

Die Jagd ist uralt! Sie ist das Tor, das einst der „pithecanthropus", ein Affenmensch, noch auf allen Vieren betrat, um schließlich als Mensch, als Zweibeiner, herauszukommen. Und dieses Wesen mit allen wesentlichen Zügen des modernen Menschen war bereits ein geschickter und erfolgreicher Jäger. Durch Hunderttausende von Jahren lebte der Mensch in der Jagd und von ihr. 99 % der Zeit, seit der es unsere Gattung gibt, war der Mensch in erster Linie Jäger, nur 1 % unserer Geschichte taten und tun wir auch etwas anderes.

Wer das bedenkt, wird es leichter haben, die Jäger – somit auch den Autor dieses Buches – und die Jagd in unseren Tagen zu verstehen. Im Genotypus sind wir alle Jäger geblieben, auch wenn von manchen Zeitgenossen die Jagdleidenschaft auf mitunter seltsame Art sublimiert wird.

Günter R. Daghofer bekennt sich zur Jagd und schreibt ohne Vorbehalte gerne über diese Sphäre seiner Persönlichkeit. Und er kann das auch guten Gewissens tun, denn seine Art zu jagen ist auch im 21. Jahrhundert gesellschaftsverträglich. Er weiß um den Paradigmenwechsel im Tierschutz, und er vertritt mit Überzeugung die heutigen Anliegen des Natur- und Umweltschutzes. Er versteht wie kaum ein anderer die Sorgen vieler Bauern, ihr Bangen um die Feldfrüchte und um ihren Wald, wenn es um die Regulierung überhöhter Wildbestände geht. Das und noch mehr gehört zum Fundament seines jägerischen Tuns, auf das er aufbauen kann, um stets mit Freude und gutem Gewissen der Jagd nachzugehen.

Das Weidwerk ist für ihn nicht nur die intensivste und schönste Form des Naturerlebens, es ist ein Teil seiner Existenz. Er sucht und findet nicht nur in der Beute seinen jagdlichen Erfolg, sondern auch viele Zeugnisse der mit der Jagd untrennbar verbundenen kulturellen Leistungen in Vergangenheit und Gegenwart. Günter R. Daghofer ist für mich ein sympathischer Brückenbauer zwischen Natur und Kultur, zwischen Vergangenheit und Zukunft der Jagd. Er läßt in diesem Werk den Leser deutlich spüren, daß wir Menschen nur über diese Brücke in eine sichere, menschenwürdige Zukunft gehen können.

So nimmt es auch nicht wunder, daß der Autor zur Illustration seiner Bücher (1998 ist sein Erstlingswerk „Alte Wechsel, neue Fährten“ ebenfalls bei Stocker erschienen) sich an den Maler Jörg Mangold gewandt hat. Der malende Jäger und praktizierende Arzt Dr. Jörg Mangold, er ist gegenwärtig wohl einer der bedeutendsten Jagdmaler Mitteleuropas, begleitet das Werk mit eindrucksvollen Bildern auf der Suche nach einer Symbiose zwischen der dem Schöpfergeist Gottes zu dankenden Natur und einer von uns Menschen auf vielfältige Weise geformten Kultur.

Graz, im September 2003 *Hannes Kollar*

Zu beiden Seiten der Donau

Einem gängigen Klischee entsprechend lassen sich die Österreicher in zwei Kategorien einteilen: In Alpenösterreicher, das sind solche, die bereits mit Schi an den Beinen zur Welt kommen, und in Donauösterreicher, die angeblich bereits im zartesten Alter Walzer tanzen. Tatsächlich haften den Bewohnern Niederösterreichs oder des Burgenlandes Eigenschaften an, die bei den Bewohnern des Ländles vor dem Arlberg oder bei den kernigen Tirolern ungewöhnlich wären. Und von den Wienern ist sowieso bekannt, daß sie sich selbst für etwas ganz Besonderes halten – für eine „Wiener Melange" sozusagen. Allein schon die Muttersprache ist in der Regel nicht das einigende Hochdeutsch, sondern ein sehr regional ausgeprägtes Idiom, das oft ganz bewußt zur Betonung der eigenen Art verwendet wird – auch von der „Internetgeneration", die spürt, wie unbefriedigend es eigentlich ist, sich in einer Weltkultur zu verlieren, die genau besehen eine moderne Art des Kolonialismus ist, der von den US-Amerikanern mit ihrem Geld und der Macht ihrer Medien weltweit betrieben wird.

Die Salzburger finden sich gemeinsam mit den Oberösterreichern im Fächer regionaler Eigenheiten, die Österreich kennzeichnen, etwa in der Mitte. Das hat historische Gründe, denn erst 1816 wurde Salzburg ein Teil Österreichs und verlor damit sogar eine Zeitlang die regionale Selbstständigkeit, es kam unter die Fittiche der oberösterreichischen Nachbarn. Es entspricht auch der historischen Entwicklung, daß sich die Oberösterreicher wie die Salzburger sehr dem bayrischen Nachbarland verbunden fühlen.

In meiner Jugend einmal vor die Alternative gestellt, an einer Fahrt nach Wien teilzunehmen oder nach München zu fahren, wählte ich letzteres. Nicht nur weil es näher ist, sondern weil mir die bayrische Hauptstadt vertrauter war und bei einer Fahrt dorthin zwar eine Grenze, aber kein Kontrollposten des sowjetischen Militärs zu passieren war. Bis 1955 wurde bekanntlich an der Enns jeder Reisende von der in Ostösterreich herrschenden Besatzungsmacht genau unter die Lupe genommen.

Ein Spötter aus der Verwandtschaft, seines Zeichens ein sehr gescheiter, um gute Formulierungen nie verlegener geistlicher Herr, verglich die Enns einmal öffentlich mit dem Jordan, der Palästina von seinen mehr oder minder feindlichen Nachbarn trennt, und bezeichnete die dahinterliegenden Strengberge als Golan. Tatsächlich waren im Laufe der Geschichte die Enns und der östlich davon liegende Landstrich immer wieder die Grenze zwischen Ost und West und auch ein Schutzwall gegen die aus den Weiten des Ostens nach Mitteleuropa drängenden Eroberer. Bei diesen Eroberern muß man sich gar nicht so sehr an die im Dunkel der Geschichte liegenden Stürme, die von den Awaren und den Magyaren ausgelöst wurden, erinnern, sondern braucht nur an das Ergebnis des unseligen Zweiten Weltkrieges denken.

Irgendwann lag es aber an mir, die imaginäre Grenze zwischen Alpen- und Donauösterreich zu überwinden, denn ich wollte in Wien an der Universität für Bodenkultur studieren, und diese liegt eben nun einmal in der ehemaligen Haupt- und Residenzstadt der längst zu Grabe getragenen Donaumonarchie. Die damals noch sehr unter dem Eindruck des erst ein Jahrzehnt zuvor zu Ende gegangenen Krieges stehende Stadt empfing den mit Rucksack und Pappkoffer anreisenden Provinzler zwar nicht gerade mit Pauken und Trompeten, aber nach einer Weile fand ich Wien doch sehr interessant und als Student auch amüsant. Ich wollte und konnte mich dem Zauber einer großen Vergangenheit nicht entziehen und erhielt – wie das Leben halt so spielt – nach lehrreichen wie auch unterhaltsamen Studienjahren meine erste berufliche Aufgabe in der Stadt an der Donau. Später dann brachte mich meine weitere Tätigkeit auch in Gegenden, die ich bis dahin nur vom Hörensagen kannte. Zuerst war es der fruchtbare Landstrich nördlich der Donau, der zu Recht Weinviertel heißt, später verschlug es mich in das ebenso „steinreiche" wie karge, westlich davon liegende Waldviertel.

Im Laufe der Jahre wurde so aus dem engstirnigen „Alpenösterreicher" ein begeisterter „Gesamtösterreicher". Die Schönheiten und das eigenartige Flair der Gegenden zwischen Donau und böhmischer Grenze hinterließen unverwischbare Spuren in meiner Erinnerung, die zugegebenermaßen auf die vielen, damals wie auch später noch, dort genossenen Jagderlebnisse zurückzuführen sind. Ein leider nur kurzes, aber doch sehr ereignisreiches Jahr meiner Dienstzeit hatte ich meinen Standort in Persenbeug an der Donau, dort, wo eine „böse Beuge" des Stromes einst der Schiffahrt viel zu schaffen machte. Ich schoß meinen ersten Rehbock fast in Sichtweite des Flusses und fand als Jäger und auch anderweitig Gelegenheit genug, „mannbar" zu werden. Bis heute zieht es mich Jahr für Jahr an die Tatorte von damals. Manchmal langweile ich meine Begleiter, wenn ich auf einer Fahrt entlang des Stromes, vom Städtchen Grein angefangen bis über die Wachau hinaus, einmal nach links und dann nach rechts deute und dabei von aufregenden Pirschen und nächtlichen Ansitzen erzähle.

Aus der Fülle der Erlebnisse will ich zwei herausgreifen: Dort, wo die mächtige Basilika des Wallfahrtsortes Maria Taferl hoch über der Donau thront, gab mir vor Jahren ein freundlicher Gastwirt, der auch Pächter des dahinter liegenden Reviers war, einen Rehbock zu jagen. Er teilte mir eine Ecke des Reviers zu und überließ es meinen Fähigkeiten, auf eigene Faust einen Rehbock zu erbeuten. Nach zwei, drei Erkundungspirschen entlang der terrassenförmig angelegten Getreidefelder und der Besichtigung eines tiefen Waldgrabens war ich mir sicher, den Einstand eines heimlichen Bockes gefunden zu haben. Pirschzeichen, Fegestellen und Plätzstellen gab es genug. Außerdem stieß ich bei einem morgendlichen Schleichgang durch den Graben auf einen jüngeren Bock, der auffallend nervös zu sein schien und der in seiner verhaltenen Aggressivität mit seinem Geweih einen armdicken Baum bearbeitete. In seinem blinden Eifer ließ er mich auf wenige Meter heran, ohne mich zu bemerken, sprang dann aber plötzlich ab. Ein stärkerer, aufgrund der Geschwindigkeit schwer ansprechbarer, aber sicher älterer Bock trieb ihn durch das Unterholz, daß es nur so krachte. Das mußte also der

Platzbock sein. Ich war längst erfahren genug, um zu wissen, daß allzuviel Bewegung nächst eines Einstandes von Schaden ist. So bezog ich also ab sofort eine oberhalb des Grabens am Rand eines mäßig großen Getreidefeldes stehende Kanzel und war überzeugt, den Bock „ersitzen" zu können. An Geduld fehlte es mir damals nicht, und mir war schon am nächsten Tag der Erfolg, in zwei Etappen allerdings, beschieden. Denn schon am nächsten Morgen – ein herrlicher heißer Sommertag kündigte sich an – wechselte im hellen Sonnenlicht „mein" Bock aus dem Graben in das vom Morgenwind in wiegende Bewegungen gebrachte Roggenfeld. Er trug ein hohes, fast schwarz anmutendes, endenloses, aber kräftiges Geweih und war seiner ganzen Erscheinung nach schon ein älterer Herr. Die Zeit zwischen dem Ansprechen und dem Eintauchen in das Meer der wiegenden Halme war zu kurz, um eine Kugel loszuwerden. Ich konnte an diesen Halmen gerade noch erkennen, wo sich der Bock bewegte und auch erahnen, wo er sich schließlich niedergetan hatte. Offenbar wollte er den bevorstehenden heißen Tag unbehelligt von kriechenden und fliegenden Quälgeistern im trockenen Getreidefeld verbringen. Ich sank nach Abflauen der Spannung in mich zusammen und überlegte, was nun zu tun wäre. Irgendwann, vielleicht gegen Mittag, würde der Bock vielleicht die Hitze des Getreidefeldes mit dem kühlen Grund des Grabens vertauschen. Außerdem, das wußte ich, verlangt es die Rehe alle vier bis fünf Stunden nach einer Zwischenmahlzeit, und dazu würde er wahrscheinlich wieder hochwerden. Was aber, wenn der Bock nur kurz aufsteht, sich dreimal umdreht, um ein paar Kräutlein zu äsen, und dann doch nicht in den Graben wechselt?

Mit der höhersteigenden Sonne schwand allmählich doch meine Geduld. Außerdem schien mich das Glockengeläut der naheliegenden Wallfahrtskirche zu einer Entscheidung zu mahnen. Schließlich war ja auch Sonntag, und ich hatte mir vorgenommen, wenigstens gegen Mittag hin eine späte Messe zu besuchen.

Wenn es mir gelang, den Bock auf irgendeine Weise hochzumachen, hatte ich, so bildete ich mir jedenfalls ein, eine kleine Chance, ihn zu erlegen. Vielleicht würde er auf einer der Lücken, die der letzte starke Regen in die Halme gedrückt hatte, auftauchen, kurz verhoffen und dann wäre meine Sekunde gekommen. Gedacht, getan, ich nahm mangels eines Steines eine Schrotpatrone und warf sie in Richtung jener Stelle, wo ich den Bock ruhend vermutete. Die Wirkung war frappant: Ohne auch nur eine Sekunde zu zögern, flüchtete er wie eine Rakete aus dem Feld und verschwand im Wald. Dort hörte ich ihn noch zwei- oder dreimal in tiefstem Bass protestieren und aus war's mit meinen Illusionen. Ich glaube heute noch, daß ich ihn mit meinem ungewöhnlichen Wurfgeschoß direkt getroffen hatte. Für diesen Vormittag war's nun mit der Sitzerei vorbei!

Ich ging in mein Quartier, genehmigte mir auf der Terrasse des Restaurants ein gemütliches Frühstück, betrachtete dabei die auf dem mächtigen Strom unter mir vorbeischwimmenden Schiffe, betete anschließend ein paar Vaterunser und warb beim heiligen Hubertus um dessen Gunst. Nach einem ausgiebigen Schläfchen schulterte ich wieder meine Büchse und strebte dem Ort des morgendlichen Mißerfolges zu. Noch stand die Sonne hoch am Himmel, aber in der Ferne, im Westen, aus dem der Strom kam, schob sich bereits dunkles Gewölk zusammen. Bald würde ein Gewitter den Fluß entlangziehen. Lustig war diese Erwartung nicht, denn bei Gewittern soll man Hochsitze bekanntlich meiden. Aber ein bißchen leichtsinnig durfte ich in jenen Jahren noch sein. Ich ließ den kurzen, heftigen Regen über mich ergehen, trachtete, meine Büchse trockenzuhalten, und blickte gespannt in Richtung Waldrand. Der Wind stand günstig, und es zeigten sich auch wieder die ersten Sonnenstrahlen, und wie heimlich erhofft, stand „er" auch dann wie hingezaubert am Bestandesrand. Das schwarze Geweih schien mächtiger, als es in Wirklichkeit war. Der Bock sicherte vorsichtig, wie es bei älteren Stücken üblich ist, und zeigte mir dabei das halbe Blatt. Es war keine große Kunst, ihm einen sauberen Schuß anzutragen. Ich begann dann auch erst zu zittern, nachdem die Kugel draußen war. Da lag der Bock schon längst im Feuer!

Mein damaliger jagdlicher Gönner, der freundliche Gastwirt, war baß erstaunt, mich schon am frühen Abend wiederzusehen, freute sich über meinen Erfolg und servierte auf mein Geheiß den allerbesten Riesling aus seinem Keller. Ganz verstand er nicht, daß ich den Abend allein, offensichtlich glücklich verbrachte, denn ich war in einem Alter, in dem man an einem Sommerabend nach Zweisamkeit sucht. Daß das Glück eines Jägers mitunter aber auch in der Einsamkeit, ganz gleich welches Alter er hat, zu finden ist, schien er selbst nie erfahren zu haben. Aber alles zu seiner Zeit und zur rechten Stunde. An diesem Abend ging mir jedenfalls das Glück des Jägers über alles und bedurfte keiner Steigerung durch ein zartes weibliches Wesen. Im Silber des Flusses spiegelte sich der aufge-

hende Mond, mich überfiel allmählich wohlige Müdigkeit, und das Erlebte des Tages mischte sich mit meinen Träumen. Oh wonnevolle Jugendzeit, nicht nur mit Minne-, sondern auch mit jagdlichen Fahrten weit und breit!

Wenn ich in meinen Erinnerungen ein Stück weiter flußabwärts schweife, dann lande ich dort, wo auf steilem Felsen die legendenumrankte Ruine Aggstein liegt. Sie galt einst als uneinnehmbar und beherrschte den Eingang zur Wachau, jener unvergleichlichen Landschaft beiderseits der Donau, die sich dort im Laufe von Jahrmillionen einen Weg durch das aus Graniten und Gneisen bestehende harte Gestein gegraben hat. Der südliche Teil dieses Durchbruchsteiles heißt Dunkelsteiner Wald. Der Name spricht für sich! Dieser wirklich dunkle Wald war viele Jahre mein Ziel für sommerliche Jagdausflüge. Mein Begehren galt dabei immer einem Rehbock, einem von den heimlichen, die sich in den dortigen Waldregionen herumtreiben. Von der Trophäe durfte ich mir nie sehr viel erwarten, denn der Boden war zu karg, und der dominierende Nadelwald läßt selten starke Böcke wachsen. Ich hatte mich mit einem freundlichen, gesprächigen Förster angefreundet, der mich bei den gemeinsamen Ansitzen stets über die allerletzten Neuigkeiten aus der Politik des Landes unter der Enns informierte. Dazu wußte er auch noch allerlei Interessantes von seiner forstlichen Tätigkeit zu erzählen. In dieser lockeren Atmosphäre fühlte ich mich wohl.

Immer wieder kommt mir auch mein erstes jagdliches Erlebnis im Dunkelsteiner Wald in den Sinn. Ich hatte die Gelegenheit, in einem anderen benachbarten Revier, das von der Hochfläche über steile Abhänge bis zur Donau reichte, zu jagen. Die Steilabfälle und die Gräben waren von Baumarten geprägt, denen die Trockenheit nicht schadet, darunter Eichen und, auf solchen Standorten unvermeidlich, Kiefern. Für das Rehwild, was die Äsung betrifft, kein optimales Biotop, aber ruhig, schneearm und im Winter nicht allzu kalt. Einige Jahre davor wurde dort Muffelwild eingebürgert, für das diese Gegend ein an seine Stammheimat, die Berge Korsikas, gemahnender und daher passender Standort ist. Leider war die Gründung dieser Muffelkolonie mit der Errichtung eines kilometerlangen Zaunes verbunden. Nachbarreviere taten schließlich das gleiche und heute enthält der Wald dort eine Ansammlung von Tiergehegen. Ich empfinde das als Schande für dieses alte Kulturland entlang der Donau, zu dem der Wald und das Wild genauso gehören, wie die Weingärten, die zahllosen Marillenbäume und die steinernen Zeugnisse einer langen wechselvollen Geschichte. Zu dieser Geschichte gehört auch das einige Kilometer weiter flußabwärts liegende Stift Dürnstein mit seiner imposanten Kirche und den Resten der einstigen Burg gleichen Namens. Dort wurde der gekrönte Engländer Richard Löwenherz von seinem Widersacher, dem Babenbergerherzog Leopold, gefangengehalten. Die Herrschaften waren sich bei der Erstürmung der Festung Akkon (im heutigen Libanon) durch die Kreuzritter in die Haare geraten. Aus Eifersucht, wer besser und tapferer ist, besser gesagt, wer das blutige Handwerk besser verstand. Als der Brite mit kleinem Gefolge nach dem durch die Streitereien der christlichen Ritter nicht gerade erfolgreichen Ende des Kreuzzuges nach Hause strebte und unvorsichtigerweise dabei das Herrschaftsgebiet seines Widersachers durchqueren wollte, wurde er von dessen Häschern ergriffen und durfte erst gegen Erlag eines ansehnlichen Lösegeldes weiter gegen England ziehen. Heute würde man das Kidnapping auf ritterliche Art nennen. Das erpreßte Geld wurde wenigstens nicht verpraßt, sondern zur Anlage einer neuen Stadt, die heute noch den schönen Namen Wiener Neustadt führt, verwendet. So waren eben die Sitten anno dazumal, nicht besser, aber vielleicht auch nicht schlechter als heutzutage. Auch auf der schon erwähnten Burg Aggstein soll es Brauch gewesen sein, Reisende, die von den Burgherrn willkürlich gefangen wurden, so lange darben zu lassen, bis ihre Angehörigen entweder zahlten oder die Unglücklichen mangels Hilfe schließlich von einem Balkon der Burg in die Tiefe sprangen, um ihrer Qual selbst ein Ende zu bereiten. Das Verließ mit dem Vorsprung in der Mauer nannte man sinnigerweise „Rosengärtlein".

Ohne Schaden und natürlich ohne Erpressung, allerdings etwas ungewöhnlich verlief die Erlegung meines ersten Rehbocks im Dunkelsteiner Wald. Der junge Forstwart und ich hatten eine Morgenpirsch vereinbart, zu der wir einen Steig benutzten, der in Schichtlinie im Steilhang oberhalb der Donau angelegt war und dabei von einem Graben in den anderen führte. Wir pirschten zu früher Stunde schweigsam und behutsam durch den noch etwas dämmrigen Wald. Plötzlich hörten wir hangabwärts ein Brechen und Keuchen. Zwei Rehe, Böcke, wie am Haupt zu erkennen war, preschten mit Schwung durch den Bestand und verschwanden im nächsten Graben. Es war ein aufregender Anblick, und wahrscheinlich deshalb begann es in meinem Bauch heftig zu rumoren. Ich mußte den Pirschführer bitten, voranzugehen, denn es war höchste Zeit, ohne Verzug an Ort und Stelle die Hose herunterzulassen.

Das Gewehr hatte ich während dieser von meinem Inneren kategorisch verlangten Erlösung in Reichweite auf dem Rucksack liegen. Das war auch gut so, denn noch hatte ich mein Geschäft nicht gänzlich abgeschlossen, da zog einer der beiden Böcke, vermutlich der Stärkere, auf dem vorhin mit so viel Schwung angenommenen Wechsel wieder zurück. Ein Griff nach dem Gewehr, ein Aufrichten aus halber Hocke und der Schuß waren nur eine Sache von Sekunden. Der Bock verendete im Knall und rutschte dabei den Hang hinunter. Kaum war ich wieder in ziviler Ordnung, da trabte mein erschrockener Begleiter um die Ecke und frage mich verunsichert: „Ist was passiert?" „Nein", sagte ich und beteuerte, daß mir insgesamt ganz wohl wäre und der erlegte Rehbock unter uns läge. Mein Pirschführer schüttelte ungläubig den Kopf, kletterte nach unten und brachte mir schließlich das erlegte Stück. Beide brauchten wir schließlich einen Schnaps. Er, um das innere Gleichgewicht wieder zu erlangen, ich, um meine körperliche Harmonie wieder zu finden. Aufregend war es schon, und es gibt vermutlich gemütlichere Positionen, um einen Rehbock zu erlegen. Aber so ist es halt: Der Herr gibt's den einen im Schlafe und dem andern beim... Na ja – ich erspare mir weitere Details!

Schön und unbeschwert, manchmal, wie das Beispiel zeigt, auch irgendwie aufregend, waren sie immer, diese Jagdtage beiderseits der Donau. Das Land am Strome ist mir längst vertraute Heimat geworden. Die Berge, in deren Schatten ich geborgen wurde, und der Strom, an dessen Ufern ich so viele schöne Stunden verbringen durfte, gehören zu den Koordinaten meines Lebens. Wenn ich im Revier meines Freundes Hubert, den ich nun schon Jahrzehnte jagdlich begleiten darf, aus luftiger Höhe auf die Donau hinunterschaue, dann sehe ich sie vor mir, die ewige Wanderung der Menschen flußauf oder flußab. Berühmte und weniger berühmte waren darunter, sagenumwobene und solche, die gleich uns aus Fleisch und Blut waren und dabei ihr Glück irgendwo entlang dieses Stromes suchten. Die, die es flußaufwärts zog, dem angeblich Goldenen Westen zu, und solche, die entlang des langen Weges bis zum Schwarzen Meer irgendwo eine neue Heimat fanden.

Das Revier meines Freundes liegt einige Kilometer flußaufwärts der Wachau. Auch dort zwängt sich der Fluß zwischen die steilen Abfälle bewaldeter Berge. Dort befand sich einst der „Greiner Struden", eine gefürchtete Stromschnelle, die durch einen unter der Wasseroberfläche liegenden Felsen verursacht wurde. Dieser Felsen wurde erst gesprengt, nachdem das Schiff, das die bildhübsche Braut des jungen Kaisers Franz Joseph von Passau nach Wien bringen sollte, fast gekentert wäre. Der erschrockene Kaiser erließ daraufhin allerhöchste Order, die gefährliche Stelle ein für allemal zu beseitigen.

Ja, so war es halt in Österreich immer schon: Es muß etwas geschehen, damit etwas geschieht. Diese und andere nicht immer ganz rühmenswerte Eigenheiten, die uns Österreichern offensichtlich von Geburt an anhaften, hielten mich nie davon ab, das kleingewordene Land im Herzen Europas, dieses Land der Berge, dieses Land am Strome, zu lieben und stolz darauf zu sein. Daß ich in diesem Land bis zum heutigen Tag jagen darf, gehört zum Glück meines Lebens, für das ich meinem Schöpfer zutiefst dankbar bin.

Frisch, herzhaft-steirisch!

Ich liebe die Steiermark und schätze, soweit ich sie kenne, ihre Bewohner, die zu Unrecht als wildes Bergvolk verschrienen Steirer. Das hat natürlich seine Ursachen und zwar – wie könnte es bei mir auch anders sein? – meist jagdliche, die ich nicht verschweigen möchte: Vor vielen Jahren schrieb ich einem mir persönlich gar nicht so gut bekannten Forstmeister aus dem Steirischen einen Brief mit der ziemlich unverblümt gestellten Frage, ob ich nicht in dem von ihm geführten, wegen seines Wildreichtums bekannten Betrieb gelegentlich einen Abschußhirsch erlegen könnte. Das war nicht sehr elegant, eher ein wenig frech, wie es ein jagdlicher Grünfink, der ich damals war, auch sein darf. Eigentlich wäre eine Abfuhr zu erwarten gewesen. Aber – siehe da, der gute Mann hatte ein Herz für einen Jungjäger und auch Humor, denn er gab mir folgende Antwort: Ich könne schon kommen, aber nicht in der Brunft, denn für diese sei ich noch zu jung und es kämen in der Hohen Zeit der Hirsche einige wichtige Gäste, darunter ein Professor aus Graz (zu dem ich übrigens, was ich damals noch gar nicht wußte, weil es sich erst viele Jahre später herausstellte, sogar verwandtschaftliche Beziehungen hatte). Ich sollte also später im Herbst kommen, und es werde sich schon ein „Hirschl“ für mich finden.

Also – Herz, was willst du mehr! Ich fuhr mit meinem flotten Wagen, der ebenfalls meiner damaligen Altersklasse entsprach, los, hinein ins Steirerland, einem goldenen, späten Oktober entgegen, und schoß schließlich unter den Steilabfällen des Hochschwab meinen ersten Hirschen. Nicht ganz den Regeln der Kunst entsprechend, mehr nach dem Motto: Wenn der Schütze jung ist, darf auch der Hirsch jung sein. Pirschführer war ein erfahrener, freundlicher Förster mit einem ebenso erfahrenen Schweißhund. Mein Begleiter hätte die Tränen der Rührung gesehen, die sich in meinen Augen sammelten, als ich vor meinen ersten Geweihten hintreten wollte – wäre da nicht der Hund, eine kräftige Hannoveraner-Hündin, gewesen, der mich respektgebietend auf gehörige Distanz zum erlegten Wild hielt. Wir hatten uns eben die Aufgaben geteilt: Ich hatte ordentlich geschossen, und er war ein tüchtiger Totverbeller. Die Freude war jedenfalls allseits groß, auch die des Pirschführers, der aus Erfahrung wußte, daß manchem Hirschjäger im entscheidenden Augenblick allzuleicht die Nerven durchgehen. Auch das mußte ich erfahren, selbst noch im reiferen Alter: Es gibt Hirsche, an denen die Kugel vorbeigeht, auch wenn sie noch so breit stehen. Damals war ich aber noch „cool" und glaubte fortan, jedes Stück Wild perfekt treffen zu können.

Die wonnevolle Jugendzeit war längst vorbei, da lenkte ein gnädiger Heiliger, vermutlich der von mir öfters angerufene St. Hubertus, neuerlich meine Spuren in die Steiermark. Ich hatte es mittlerweile beruflich zu einigem Erfolg gebracht und fand mich daher dort und da auf der Liste offizieller Jagdgäste, auch auf der eines großen Versicherungsunternehmens. Ich erhielt damit Zugang zu einem der interessantesten Reviere der Obersteiermark, in dem fast alle Schalenwildarten unseres Landes, einschließlich des Steinwildes, ihre Fährten ziehen und das von einem jagdlich versierten, sehr hilfreichen Forstpersonal ausgezeichnet betreut wird. Dort konnte ich dann während vieler Jahre, meist zur Gamsbrunft, zwei, drei Tage verbringen und schoß dabei so manchen Gams.

Gemsen gibt es in diesem Revier in erklecklicher Zahl. Sie finden sich in den weitläufigen Karen und auf den abgewehten, nicht sehr schroffen Bergrükken dieser Gegend, die ihrem Erscheinungsbild nach eigentlich den Übergang vom Mittel- zum Hochgebirge darstellt. Das Geheimnis des Erfolges bei diesem Jagen war körperliche Ausdauer, eine gute Büchse und eine sichere Hand. Diese Erfordernisse erfüllte ich in reichem Maße, und der mir oftmals zugeteilte Förster, ein Mann zäh wie Leder und von unerschütterlicher Ruhe, bekundete mehrmals seine Zufriedenheit mit mir. Ich hatte mir irgendwann einen Mauser-Repetierer, Kaliber 6,5 x 68, zugelegt, der hervorragend schoß und mir gute Dienste leistete. Leider ist diese Wunderwaffe heute für mich fast schon zu schwer. Irgendwann beginnt wohl bei jedem in die Jahre gekommenen Gamsjäger – und sei er auch noch so sportlich trainiert – das Gewicht der Waffe und der sonst noch mitzuschleppenden Ausrüstung eine Rolle zu spielen. Das Angebot, mir die Waffe zu tragen, nehme ich jedenfalls heute, besonders wenn ich von einem jüngeren Semester begleitet bin, ganz gern an. Vor zwanzig Jahren hätte ich mich dafür noch geschämt. So ändern sich halt die Zeiten!

Wenn es nun darum geht, meine persönlich guten Beziehungen zur Steiermark weiter auszuloten, gibt

es natürlich noch andere Fäden: So ist mir der steirische Wein im Laufe der Jahre immer sympathischer geworden, vom hervorragenden Bier will ich gar nicht reden. Aber auch andere geistige Genüsse aus der Grünen Mark schätze ich sehr. So bekenne ich, altmodisch genug zu sein, um Peter Rosegger für einen großartigen Dichter zu halten. Ebenso schätze ich die Lyrik eines Ottokar Kernstock. Ersterer ist, wenigstens in der Steiermark, den Schulkindern noch bekannt. Der andere, katholischer Priester und Ordensmann, ist fast vergessen. Nur bei den politisch Korrekten erzeugt die Erwähnung seines Namens gelegentlich eine (negative) Reaktion – hat doch dieser Geistliche, längst bevor die Farbe Braun in der Politik Mode geworden war, jenes Symbol in einem Gedicht verherrlicht, das dann später zum schrecklichen Markenzeichen einer menschenverachtenden Ideologie wurde. Für einen romantischen Schwärmer, wie Kernstock es zeit seines Lebens war, wahrhaft eine läßliche, für heutige neunmalkluge Beckmesser jedoch unverzeihliche Sünde. Auch wenn der Text der bis 1938 in Österreich gesungenen Bundeshymne von ihm stammt. Heute sind eben Sprachkünstler anderer Art in Mode. Ganz besonders wird jener erst kürzlich verstorbene Steirer bejubelt, der unsere Sprache mit einem Hackbeil behandelte. Fragmente von Sätzen, die keinen Sinn ergeben, sind nicht meine Sache, mögen die Kulturmacher unserer Tage solchen Künstlern auch noch so viel Weihrauch streuen. Ich bin eben altmodisch, meinetwegen auch konservativ, und liebe das Herzhafte. Wie auch die steirischen Äpfel, die man zu Recht mit den Worten „frisch, saftig, steirisch" preist.

Dieses und ähnliches ging mir durch den Kopf, als ich unlängst wieder einmal auf den Abhängen des ebenso traditionsreichen wie geheimnisvollen Grimming jagen durfte, dieses eindrucksvollen Kalkstocks am Südrand des Ausseer Landes. Ein Riegler – pardon, eine Bewegungsjagd – war angesagt. Beim ersten Treiben an einem sonnigen Vormittag im späten Oktober durfte ich einen neuen, vom Jagdherrn selbst noch nie benutzten Stand beziehen, um ihn dann mit einem Kugelfuchs ordentlich einzuweihen! Am Nachmittag war ich dann schon weniger erfolgreich. Ich wurde auf einen vom Hochwild sichtlich stark angenommenen Wechsel gestellt. Kaum hatte das Treiben begonnen und war der von dem mir zugewiesenen Platz antretende Treiber hinter einer Geländekante verschwunden, stürmte auch schon ein Stück Kahlwild direkt auf mich zu. Erst als es in rasanter Flucht wenige Meter neben mir vorbeipreschte, sah ich das dichtauf folgende Kalb, im Wildbret schwach, sogar noch gefleckt, als wäre es erst vor kurzem geboren. An ein Schießen war nicht zu denken, denn beide Stücke waren nach wenigen Metern meinem Blick entschwunden.

Als sich mein Puls wieder beruhigt hatte und weiteres Wild kaum mehr zu erwarten war, genoß ich den Blick in die Ferne. Mitten in meinem Blickfeld stand der Loser, an dessen Fuß das unvergleichliche Altaussee liegt, jener einmalige, trotz seiner vielen Regentage nach wie vor beliebte sommerliche Treffpunkt gesellschaftlicher Prominenz. Nicht allzuweit von diesem Ort entfernt findet der an der steirischen Geschichte interessierte Besucher des Ausseer Landes jenen Platz, an dem der „steirische Prinz“, der legendäre Erzherzog Johann, die Liebe seines Lebens, Anna Plochl, zum ersten Mal sah. Die Geschichte ist zu bekannt, um sie hier wiederholen zu müssen. Der Prinz jedenfalls, in Folge seines „Fehltritts“ vom Wiener Hof verbannt, wurde im 19. Jahrhundert zum großen Förderer der Steiermark, und es wird wohl kaum einen erwachsenen Steirer geben, der seinen Namen – selbst in unserer, allen Autoritäten gegenüber respektlos gewordenen Zeit – nicht ehrfürchtig ausspricht. Die Nachkommen dieses außerordentlich vielfältig begabten Habsburgers sind immer noch in großer Zahl in der Steiermark und darüber hinaus zu finden. Und fast alle konnten sich, als Erbe des Ahnen, neben der Liebe zur Heimat auch dessen Jagdleidenschaft bewahren.

Einem seiner Ururenkel, dem langjährigen Landesjägermeister von Salzburg, Friedrich Mayr-Melnhof, verdanke ich ein anderes Jagderlebnis in der Steiermark. Ich hatte einmal für zwei Tage freie Büchse im berühmten Revier Staritzen, unweit von Mariazell. Trotz schlechtesten Wetters – Sturm und Schneetreiben – brachte ich von dieser Jagdfahrt zwei Gemsen und eine weitere Erinnerung, die für mich mehr ist als nur eine dürre Eintragung im Jagdtagebuch, mit nach Hause.

Es hat mich also ziemlich herumgetrieben im Land zwischen Dachstein und den Windischen Büheln in Untersteier. In letzter Zeit baue ich zur Erholung meiner ziemlich in Anspruch genommenen Gelenke auch gerne auf die heilenden Wässer der steirischen Thermalbäder. Daß diese in Gegenden liegen, in denen auch gute Rehböcke zu vermuten sind, erwähne ich nur nebenbei. Wenn einem also in einem Land so viel Gutes widerfährt wie mir in der schönen Steiermark, so ist das wohl eines Loblieds wert. Oder? Ich bin zwar zum Singen nicht sehr begabt. Wenn aber köstlicher steirischer Welschriesling meine Kehle spült und dabei diese und andere Erinnerungen wach werden, dann kann es schon sein, daß ich „Ich schieß den Hirsch im tiefen Forst..." anstimme oder zur späten Stunde den Erzherzog-Johann-Jodler anklingen lasse.

Hirsche vor meiner Tür

„Da drüben brüllen die Hirsche!“ Mit diesen Worten empfing mich eine in Sachen Jagd ziemlich unbefangene Bekannte. Wir hatten sie ersucht, das Haus zu hüten und die Hunde zu versorgen. Es war der Tag, an dem wir die Mutter meiner Frau auf ihrem letzten Weg begleiteten. Meine Schwiegermutter hatte sich im hohen Alter von 95 Jahren von uns verabschiedet. In ihrem Leben gab es viel Licht, aber auch viel Schatten, es gab zwei Kriege und unglaubliche Veränderungen in allen Bereichen des Lebens. Sie verlor im Zweiten Weltkrieg ihren Mann und hatte trotzdem die Kraft, ihre Kinder, drei an der Zahl, zu tüchtigen und anständigen Menschen zu erziehen. Ihr Leben steht als Beispiel für eine ganze Generation. Es zu schildern, würde ein ganzes Buch füllen und dabei manches widerlegen, was heute von ebenso einfältigen, wie überheblichen Zeitgenossen über diese Generation geschrieben und gesagt wird.

Das ist aber nicht das Thema dieser Geschichte. Sie soll von den Hirschen handeln, die im Silberlicht einer phantastischen Vollmondnacht – wir schrieben den 3. Oktober – unweit meines Wohnsitzes „brüllten“, was das Zeug hielt. Eigentlich hatten sie dazu keine „Erlaubnis“, denn laut Gesetz gehören das Tal, in dem das Haus steht, und die Berge, die es umgeben, zu einer rotwildfreien Zone. Das in seinen Grundzügen aus den neunziger Jahren stammende Salzburger Jagdgesetz kennt sogenannte Wildbehandlungszonen. Kein schöner Ausdruck, den Wissenschaftlern ist aber wahrscheinlich kein anderer eingefallen. Allerdings ist er immer noch besser als „Wildmanagement". Oder waren es die Juristen, die es – dem Geist der Zeit entsprechend – vermieden, von Jagd und Hege zu sprechen, und das Wild lieber „behandelt" sehen wollen? Was auch immer hinter dieser Wortwahl stehen mag. Es gibt laut Gesetz eine Kernzone, in der Hirsche gehütet und gehegt werden dürfen, eine Randzone, in der nicht gleich auf jedes Stück Dampf gemacht werden soll und in der das Rotwild (das gleiche gilt auch für das Gamswild) noch in geringer Zahl geduldet wird, sowie eine Freizone, in der das Wild „vogelfrei" ist. Diese wildökologische Raumplanung will die unterschiedlichsten Interessen – von der Forstwirtschaft über die Landwirtschaft bis zum Tourismus – unter einen Hut bringen und dabei auch noch dem Wild und der Jagd eine Existenzchance lassen. Leider scheinen aber die Hirsche davon nichts zu wissen, und sie haben sich in den letzten Jahren im ganzen Land Lebensräume zu eigen gemacht, die eigentlich „off limits" sind.

Das Haus, besser gesagt das Häuschen, von dem hier die Rede ist, steht nun in einem solchen für Rotwild „verbotenen" Tal. Diesen Platz fanden wir vor vielen Jahren auf der Suche nach einem Zweitwohnsitz. Heute ist dieses Häuschen längst zu unserem Lebensmittelpunkt geworden, der Stadt Salzburg nahe genug, um sich einen Rest an Urbanität zu erhalten, dabei aber in einer landschaftlich traumhaften Ecke, in der sich Fuchs und Hase „Gute Nacht" sagen. Es steht hoch oben am Hang auf der Sonnseite des Tales, wo es noch ein paar Wiesen gibt. Über den Bachgrund hinweg fällt der Blick auf einen bewaldeten Berg. Dieser ist einer der Ausläufer der Nördlichen Kalkalpen, die sich als breites Band vom Bodensee bis zum Neusiedler See ziehen. In Richtung der Landeshauptstadt befindet sich in unserem Rücken der allen Besuchern Salzburgs bekannte Gaisberg, der an manchen Wintertagen mit seinem weißen Schneehut an den Fujijama im fernen Japan erinnert.

Kurz nachdem unser „Tusculum" gebaut war, hatte ich das Glück (meine Frau meint manchmal, für sie wäre es Pech gewesen!), den auf der gegenüberliegenden Talseite gelegenen Jagdbezirk zu pachten. Seit damals ist dieses nicht allzu große Revier mein jagdlicher Hausgarten, den ich mit zwei Freunden teile. Ich kann, wann immer es mir paßt, die Büchse schultern, den Hunden pfeifen und mich auf eine Pirsch oder einen gedankenträchtigen Ansitz begeben. Jetzt, nach vierzig nicht immer schattenfreien Berufsjahren, im sogenannten wohlverdienten Ruhestand, ist das ein Privileg, für das ich dem heiligen Hubertus weit mehr als nur ein gelegentliches Dankgebet schulde.

Große Beute ist natürlich in diesem reinen Waldrevier nicht zu erwarten. Aber es gibt immer wieder einige heimliche Rehböcke, die oft jahrelang unerkannt bleiben, deren Bejagung aber ihren besonderen Reiz hat. Früher gab es auch etwas Gamswild, dessen Bestand infolge der intensiven Bejagung (auch für die Gemsen wurde das Gebiet hier zur Freizone erklärt) aber stark zurückgegangen ist. Seit einigen Jahren zieht nun allerdings immer öfter Rotwild seine Fährte durch das Revier. Das liegt nicht am jagdlichen Unvermögen, weder am eigenen noch an dem der Nachbarn. Ganz im Gegenteil: Bei den Gemeinschaftsjagden rund um das Revier werden besonders günstig gelegene Hochsitze nach einem Rotationsprinzip besetzt, um auf das Rotwild ordentlich Druck zu machen. Trotzdem oder vielleicht gerade deshalb sucht es seine Einstände in unserem Waldrevier, das gottlob weder für Freizeitsportler noch für Pilzsammler besonders attraktiv ist.

In der wenige Kilometer entfernten Rotwildkernzone herrscht indessen kein Mangel an markierten Wanderrouten, zum Radfahren freigegebenen Forstwegen, an Skiliften, stark frequentierten Pisten und vielem anderen mehr, was zur Unruhe beiträgt. Die kleinen Gemeinden in dieser Gegend, ehemals fast nur von Bauern und Forstarbeitern bewohnt, setzten heute ganz auf den Tourismus. Das ist ihnen nicht zu verübeln, denn dieser hat in den letzten Jahren vielen Einwohnern erheblichen Wohlstand gebracht. Die Gäste, die diese Gegend wegen ihrer Nähe zur Stadt Salzburg, aber auch zum vielgerühmten Salzkammergut besonders schätzen, suchen natürlich nicht allein Erholung, sondern verlangen auch nach „Action". Manch ehemalige Almhütte oder verlassene Holzknechtstube findet dadurch einen neuen, gewiß aber nicht immer „heiligen" Zweck.

Nicht, daß es deshalb in dieser Kernzone kein Wild mehr gäbe, das ist sicher nicht der Fall! Aber es wird immer schwieriger, das Wild zu bejagen, und manches Alttier mag es in den letzten Jahren vorgezogen haben, das ihm „gesetzlich" zugewiesene Kerngebiet zu verlassen, um sich in der Peripherie anzusiedeln. Die dann in aller Heimlichkeit gesetzten Kälber wachsen in einer neuen Heimat heran und werden nicht selten in diesen Randlagen zum Standwild. Dazu kommt noch, daß der berüchtigte „Forstmeister Sturm" in den letzten Jahren große Lücken in

unseren Wald gerissen hat. Diese Lücken sind heute Äsungsflächen und werden in Zukunft wahrscheinlich zu gerne angenommenen Einständen. Das Wild muß dadurch zu seinem Nutzen, denn draußen ist die Luft, wie erwähnt, ziemlich bleihaltig, den Wald zur Äsung meist gar nicht mehr verlassen.

Daß sich unter den geschilderten Umständen auch eines Tages in unserem Revier ein Brunftbetrieb entwickeln würde, war zu erwarten. Dennoch war ich vom Schreien der Hirsche in dieser Oktobernacht doch ziemlich überrascht. Drei ganz passable Stimmen waren gut zu unterscheiden, und ihre Inhaber bewegten sich in einem stark aufgelichteten Bestand oberhalb einer Forststraße, bis weit über Mitternacht hinaus, ständig hin und her. Ich kroch zeitig aus den Federn, um mit den Unruhestiftern nähere Bekanntschaft zu machen. Eine meiner Töchter begleitete mich, war aber ziemlich enttäuscht, daß am Ort des nächtlichen Konzerts weder etwas zu sehen noch etwas zu hören war. Die Musiker hatten irgendwann nach Mitternacht ihre Instrumente eingepackt und waren wahrscheinlich auf die andere Seite des Berges gewechselt. Dort waren sie ziemlich sicher, denn der Jagdnachbar befand sich gerade auf Urlaub in Mexiko. Er hatte eben auch keine Ahnung, daß sich unser Berg zu einem Brunftplatz entwickeln würde.

Ich wußte da schon ein bißchen mehr, denn wenige Wochen vor diesem überraschenden Ereignis fand ich in einem anderen Teil des Revieres reichlich und frisch benutzte Suhlen. Meine Schlußfolgerung – wo sich Hirsche suhlen, könnten sie auch zu Hause sein – war nicht ganz falsch. Denn als ich zwei Tage nach dem nächtlichen Intermezzo am östlichsten Ende unseres in die Länge gezogenen Reviers in den Seitengraben, in dem ich die Suhlen gefunden hatte, hineinging, hörte ich schon von weitem die Stimme eines Hirsches.

Bezeichnenderweise heißt dieser Graben „Hirschtal", und ein kleines, in der Nähe befindliches, fast vom Wald umschlossenes Anwesen wird „Hirschpoint" genannt. Es muß also schon vor langer Zeit Rotwild dort seine Fährte gezogen haben, denn solche Bezeichungen sind sicher schon viele Generationen alt. Am Beginn des Grabens, dort, wo sein Gerinne in den Hauptbach mündet, liegt übrigens heute ein Sportplatz. Es klingt ein wenig absurd, aber als ich den Hirsch zum ersten Mal hörte, klangen mir noch die Rufe der Fußballer und das aufmunternde Geschrei ihrer Fans in den Ohren.

Je weiter ich in den Graben hineinging, um so deutlicher und schöner klang der Bariton eines Hirsches, der sich hörbar Mühe gab, einige Konkurrenten von seinem Harem fernzuhalten. So schnell und so leise wie nur möglich versuchte ich, eine am Ende des Tals, in einer Windwurffläche stehende Kanzel zu erreichen –, was mir schließlich, wenn auch mit klopfendem Herzen, gelang. Die Hirsche standen etwas oberhalb meines Standortes, in einem von Lücken durchsetzten Stangenholz. Meine Hoffnung war, daß sie sich früher oder später zum Talschluß hin bewegen würden, wo zwischen zwei Altholzbeständen eine Lücke klafft, die im unteren Teil von einer Fichtendickung bedeckt ist und nach oben in felsiges Gelände übergeht. Als das nach einer Stunde immer noch nicht der Fall war und das Wild sich eher von mir weg, den Berg hinauf, bewegte, wurde ich unruhig. Ich war drauf und dran, die Kanzel zu verlassen, um vorsichtig in den Bestand einzudringen. Da hörte ich, nach kurzer Pause im

Hin und Her der Stimmen, das Aneinanderschlagen von Geweihen. Dieser Kampf dauerte eine ganze Weile, bis schließlich einer der Kämpfer einen – wie mir schien – triumphierenden Sprengruf hervorstieß.

Nun war meine Chance gekommen: Ich schaltete mich mit einem für Hirsche wahrscheinlich beleidigenden Zwischenruf ein. In jungen Jahren gelernt und später auch geübt, verstehe ich mich immer noch ganz gut auf das richtige Reizen eines Hirsches: Nicht zu laut und nicht zu böse, aber auch nicht zu weinerlich! Die Antwort kam prompt: Einer der beiden, möglicherweise der im Zweikampf Unterlegene, hoffte vermutlich auf eine zweite, bessere Gelegenheit, an Kahlwild heranzukommen, und stand mir flott zu. Schließlich blieb er in der Fichtendickung, zweihundert Meter von mir entfernt, stehen und schlug in das Geäst, daß die Fetzen nur so flogen. Noch konnte ich ihn nicht ansprechen, aber allein die Tatsache, daß der Hirsch auf mich hereingefallen war, brachte meinen Kreislauf auf Touren. Meine Aufforderung an ihn, endlich weiterzuziehen, wurde nach kurzer Zeit befolgt. Der Hirsch zog aus er Dikkung heraus in das raume Altholz. Ich hatte längst die Büchse angeschlagen. Es genügte ein kurzer Blick durch das Fernrohr, um festzustellen: Achter mit dünnen Stangen und blankgefegten Enden. Es war ein gedrungener, kraftvoll wirkender Hirsch, etwa im vierten Haupt. „Paßt!“ dachte ich mir, dann war die Kugel draußen, zwei Fluchten, und die Zeit des Hirsches war zu Ende, seine Lebensuhr abgelaufen, besser gesagt von mir abrupt gestoppt – wie es halt bei der Jagd so ist und wenigstens, solange ich jage, auch bleiben soll. Nach angemessener Pause und „Abregung“ stellte ich erstaunt fest, daß der Brunftbetrieb oberhalb von mir weiterging, so als wäre nichts geschehen. Ich holte die Hunde und ließ sie an meinem Erfolg auf ihre Weise teilhaben, daß heißt, ich versetzte jenen Teil ihres Gehirns, der für den Geruchssinn zuständig ist, in größte Erregung.

Nun hatte ich also meinen ersten Hirsch in meinem „Hausgarten", nicht allzuweit von meiner Heimstatt entfernt, erlegt. Mir war, als stünde ich nicht vor einem bescheidenen Achter, sondern vor einem besonders kapitalen Exemplar des „Cervus elaphus", irgendwo in Pannonien.

Ich suche und finde mein Glück beim Jagen schon längst nicht mehr in der Zahl der erlegten Stücke oder im Gewicht des knöchernen Kopfschmuckes meiner Beute. Die Stunde, die Stimmung des leider oft allzu flüchtigen Augenblicks sind mir wichtig. Auch das Horchen und der Reiz einer raschen Entscheidung gehören dazu.

Sollte es nun künftig häufiger Hirsche vor meiner Tür geben, dann bin ich keineswegs unglücklich. Meine Freunde und ich werden sie nach Kräften und mit Verstand bejagen, wie das Gesetz es befiehlt. Dabei werde ich mich von niemandem drängen lassen, weder ein Kalb im Juni erlegen noch dem Hirschlein im zweiten Kopf, mit großen Hoffnungen auf ein Kronengeweih, den Lebensfaden abschneiden. Das sollen andere tun! Ich bin halt ein unbelehrbarer Anhänger einer Tugend, die einst allen Jägern wichtig war: Einer Weidgerechtigkeit, die im Wild nicht nur ein Objekt der Jagdlust sieht, es nicht zur Ware macht und auch nicht aufgrund irgendeiner Vorschrift einfach exekutiert. Ich bemühe mich einfach, so zu handeln, daß ich jeden Tag locker in den Spiegel schauen kann. Wenn sich mit diesem Ernst dann auch eine unbefangene Freude verbindet, weiß ich, warum ich jage.

Die Blamage

Ich fahre gerne nach Böhmen. Dieses alte Land im Herzen Europas ist von meinem Pensionswohnsitz aus in wenigen Stunden zu erreichen und bietet eine Fülle an Zeugnissen gemeinsamer Kultur und Geschichte. Und wenn die Menschen, auf die ich dort treffe, so herrlich „behmakeln", dann entführt mich meine Phantasie in eine Vergangenheit, in der die böhmischen Herrschaftsköchinnen die besten „knedlik" der Welt zu kochen wußten und in Wien fast jeder Schneider oder Schuhmacher „Nowak" oder „Nawratil" hieß. Ja, ja – als „Estreich" noch bei Böhmen war...

Als mich eines Tages die Einladung erreichte, an einer Fasanenjagd in einem böhmischen Spitzenrevier teilzunehmen, sagte ich daher freudig zu, obwohl ich wußte, daß meine Fertigkeit im Gebrauch der Flinte im Lauf der Jahre ziemlich verkümmert war. Nach einer jugendlichen Sturm-und-Drang-Periode, in der ich jeder Einladung zu einer „Treibjagd", wie die Niederwildjagden bei uns immer noch heißen, nachlief, mußte ich mich – angesichts eines immer enger werdenden Kalenders und vieler beruflicher Verpflichtungen gerade in den jagdreichen Herbstwochen – auf die von mir so überaus geliebte Gamsjagd konzentrieren, hatte ich doch ein gamsreiches Revier in den Bergen gepachtet, und die Erfüllung des Abschußplanes erforderte ihre Zeit. So stand meine elegante Suhler Flinte Kal. 20 die meiste Zeit gut geölt im Kasten, und ich vergaß allmählich alle guten Regeln des Flintenschießens, den richtigen Anschlag und das dem jeweiligen Wild entsprechende Vorhaltemaß. Dazu kommt wahrscheinlich auch noch, daß im Laufe der Jahre die Beweglichkeit in jeder Hinsicht abnimmt.

Um es gleich vorweg zu sagen: Die eigentlich erträumte, weil aus den bekannten weltpolitischen Gründen jahrzehntelang fast nicht mögliche Teilnahme an einer richtigen „Fasanenschlacht" in Böhmen wurde für mich zum Alptraum, zumindest aber zu einer peinlichen Blamage.

Böhmen hat als Jagdland, nicht zuletzt als Land der Niederwildreviere, eine lange, in der einschlägigen Literatur häufig gerühmte Tradition. Dort und auch in Ungarn, besonders aber in „Oberungarn", der heutigen Slowakei, lagen die Spitzenreviere der österreichisch-ungarischen Monarchie, in denen betuchte und mit reichlich Zeit versehene Grundbesitzer ihren ganzen Eifer daransetzten, Rekordstrecken an Fasanen und Hasen zu erzielen. Möglich geworden waren solche Erfolge, abgesehen von teuren Hegemaßnahmen, auch durch die Erfindung der Schrotpatrone und durch perfekte Schützen, die englischen Vorbildern nacheiferten.

Auf den Britischen Inseln wurde diese an barocke Sitten (oder Unsitten?) gemahnende Jagdkultur zum bevorzugten Zeitvertreib distinguierter Herrschaften entwickelt. Einer der Großen dieser zu den „good sports" zählenden Fertigkeit, pfeilschnell dahinstreichende Vögel virtuos herunterzuholen, war der nachmalige König Edward VII., der Sohn der legendären Königin Victoria, deren Name bei den Briten für ein ganzes Zeitalter steht. Er war jahrzehntelang ein wenig beschäftigter „Prince of Wales“ und mußte sich die Zeit mit diversen standesgemäßen Hobbys vertreiben, und dazu gehörten eben die Jagd sowie, einem Gerücht zufolge, auch die Frauen. Jahr für Jahr wurde er von einem ungarischen Grundbesitzer, dem steinreichen „Zuckerbaron“ Hatvany, zusammen mit einigen anderen auserwählten, hohen Herrschaften zu dessen berühmten Niederwildjagden in Westungarn eingeladen. Er reiste inkognito an und wurde natürlich seinem Rang entsprechend empfangen und umsorgt, auch von einem Mädchen, das, dem Wunsch des hohen Herrn entsprechend, nicht nur jung, sondern auch ziemlich rund sein mußte. Böse Zungen behaupten, die jeweils Auserwählte wäre ein ganzes Jahr lang nur mit Konfekt und Torten gefüttert worden, um zum rechten Zeitpunkt die gewünschte Fitneß zu erlangen. Na ja – über Geschmack läßt sich bekanntlich streiten. Was Seine Königliche Hoheit, die selbst in der seriösen Meyer'schen Enzyklopädie das Attribut „Lebemann“ zugeteilt bekommen hat, zu den erbarmenswert dürren „Models“ unserer Tage wohl gesagt hätte?

Ich kann nun nicht behaupten, daß mir solche oder ähnliche Gedanken durch den Kopf gegangen wären, als die Fasane bukettweise vor mir aufstanden, ich die Flinte hob, abdrückte und die Vögel vollkommen unbeeindruckt weiterflogen. Leider hatte ich mich von einem Freund überreden lassen, meine elegante „Zwanzigerin“ zu Hause zu lassen und beim Büchsenmacher eine Bockflinte Kal. 12 zu leihen. Dazu bekam ich dann noch eine todsichere, natürlich teure Munition mit hundertprozentiger Erfolgsgarantie aufgeschwatzt. Links und rechts von mir fielen die Fasane vom Himmel, als wären sie

Steine. Manchmal auch einer direkt vor mir, denn die Nachbarschützen konnten es bald nicht lassen, auch in das „Loch“, das über mir entstanden war, hineinzuschießen. Dabei wäre es mir recht gewesen, wenn alle getroffenen Fasane auch wirklich mausetot vom Himmel gefallen wären. Aber gar nicht so wenige suchten, geflügelt, ihr Heil als Infanteristen. Andere wieder lagen halbverendet herum, schlugen die Flügel noch mit letzter Kraft, um schließlich von einem der eifrigen Hunde gepackt und zu deren Besitzern apportiert zu werden. Diese taten dann das, wofür die englische Königin unlängst öffentlich heftig gescholten wurde: Sie drehten den Fasanen gekonnt den Hals um.

Man mag mich nun einen Ketzer, einen Softie oder einen Verräter an der Jagd schelten – meinetwegen! Mir taten jedenfalls die Kreaturen, die durch einen unglaublichen Aufwand zur Masse gemacht wurden, einfach leid, und ich verlor bald die Lust an dieser ganzen Knallerei. Der Jagdleiter, ein biederer Förster böhmischen Zuschnitts, erwähnte mit Stolz, er hätte in dieser Saison bereits drei Waggons Mais verfüttert, und erwartete für seine Anstrengungen, aus den in der anmutigen Landschaft verstreuten Waldstücken Hühnergärten gemacht zu haben, natürlich ein entsprechendes Lob – das er am Ende des Jagdtages, angesichts einer durch acht Schützen (eigentlich waren es nur sieben, denn mich konnte man nicht mehr zu den Schützen zählen) erzielten Strecke von rund siebenhundert Fasanen, auch zu Recht bekam. Gewiß wurde er auch nicht von seinem Forstdirektor getadelt, denn es klingelte auch in der Kasse der Forst AG. Dieser blieb auch nach Abzug des Aufwands für das reichlich eingesetzte Personal auf alle Fälle ein schöner Batzen Geld.

Man könnte ja diese für zahlungskräftige Ausländer organisierten Jagden auch als eine Art Entwicklungshilfe für die noch unter den Altlasten der kommunistischen Ära leidenden Forstbetriebe der sogenannten Reformländer sehen. Trotzdem – meine jagdliche Welt war und ist dieser Sport nimmermehr, auch wenn mir unterstellt wird, mir ginge es eben nur wie dem Fuchs, dem die Trauben zu hoch gehangen sind.

In Zeiten wie diesen, in denen der Tod allzuhäufig mit breiter Sichel mäht, halte ich persönlich diese Form des Jagens für überholt und unzeitgemäß. Ich halte auch nichts von den Möchtegern-Baronen, die sich ein englisches Hütchen aufsetzen und sich, versehen mit einer mehr oder weniger dicken Brieftasche, einer Nostalgie hingeben, die unseren heutigen Maßstäben im Umgang mit der Natur widerspricht.

Etwas anderes ist es wohl mit den Gesellschaftsjagden in meiner engeren Heimat, bei denen sich ein Schütze glücklich schätzen darf, am Ende eines Jagdtages zwei bis drei Fasane und vielleicht ein bis zwei Hasen erlegt zu haben. Bei dieser Art des Jagens wird durch die immer noch bäuerlich dominierten Jagdgesellschaften der zulässige Zehent an Wildtieren entnommen. Die vor Jahren da und dort eingerissenen künstlichen Methoden zur Erhöhung des Niederwildbesatzes sind gottlob wieder verschwunden. Dafür wird immer mehr vernünftige Biotoppflege betrieben, die allen zugute kommt, dem Wild, dem Jäger und dem Naturfreund.

Ich muß mir also andere Anlässe suchen, um das Jagen in Böhmen genießen zu können, etwa die Pirsch auf einen heimlichen Rehbock oder eine winterliche Jagd auf Sauen. Auch dabei kann ich der jagdlichen Tradition dieses Landes meine Reverenz erweisen und laufe nicht Gefahr, innen und außen taub zu werden oder gar den Respekt vor Gottes Schöpfung zu verlieren. Wie tönt es doch so schön bei diversen festlichen Anlässen: „Jagen heißt, den Schöpfer im Geschöpf zu ehren!“ Auch wenn einen vielleicht beim Knall der Flinten eine archaische Lust überkommt, dieser schöne Spruch wird zur hohlen Phrase, wenn wir Geschöpfe zur Massenware degradieren!

Schatten über den Bergen

„Alles hat seine Ursach'", heißt es bei Johann Nestroy, dem Dichter des Wiener Vormärz, dessen Lehrstücke und Lustspiele in Österreich immer noch populär sind. Er schrieb sie unter den Augen der vom fast allmächtigen Staatskanzler Metternich angeordneten strengen Zensur. Ihre Absicht ist daher auf den ersten Blick nicht immer ganz durchschaubar, und mancher Mißstand dieser Zeit, für die ein Spötter einst den Namen Biedermeier erfand, bleibt bestenfalls angedeutet. Daß diese Epoche 1848 in ganz Deutschland mit Unruhen, in Wien sogar mit einer blutigen Revolution endete, wird schon auch seine „Ursach'" gehabt haben. Eine der Folgen dieses Aufruhrs war übrigens die Freigabe der Jagd an jeden, der irgendwo ein Stück Land sein eigen nenne durfte – mit allen Folgen für die wildlebenden Tiere, deren Wiederkehr in Zentraleuropa erst allmählich erfolgte und bei manchen Tierarten, denken wir nur an die großen Beutegreifer, erst in unserer Zeit wieder möglich zu sein scheint.

Das, wovon ich in weiterer Folge erzähle, hat ebenfalls eine längere, aber sehr persönliche Vorgeschichte: Ich war fast ein Vierteljahrhundert Pächter eines in vieler Hinsicht einmaligen Jagdreviers in den Hohen Tauern, so lange bis eines Tages mein Name in der Zeitung stand, verbunden mit der Behauptung, ich hätte dieses im öffentlichen Eigentum stehende Gebiet viel zu billig gepachtet und wäre daher Nutznießer besonderer Privilegien. Ein Dementi dieser von „Freunden“ im dunklen Hintergrund lancierten Behauptung half natürlich nichts. Ist der Neid der Zeitgenossen einmal angerührt, dann klebt er wie Leim. Und der Jagdneid ist, wie bekannt, eine ganz besondere Steigerung des alltäglichen, gewöhnlichen Neids. Der Pfeil, der mit einem besonderen Gebräu von Neid, Bosheit und Dummheit bestrichen war, sollte aber nicht nur mich, sondern auch einige Politiker treffen. Meine Hoffnung, diese würden zu meiner, aber auch zu ihrer Rechtfertigung klarstellen, daß die Leistungen, die ich als Pächter zu erbringen hatte, nicht nur aus Geld, sondern auch in der Betreuung von Jagdgästen bestanden, die von „ganz oben“ eingeladen wurden, war natürlich vergebens. Da hätten dann auch Namen genannt werden müssen. Das tut man aber in der Regel nicht, wenn man aus irgendwelchen Gründen jemanden mit einer Jagdeinladung verwöhnen will.

Es kam, wie es kommen mußte: Ich wurde wie die sprichwörtliche heiße Kartoffel fallengelassen. Nach Ende der Pachtperiode wurden verdeckte Angebote eingeholt, und das Rennen gewann nicht ich (aber auch nicht jene Gruppe, die die Intrige gesponnen hatte), sondern ein Dritter, der nicht nur die dickere Brieftasche, sondern auch die besseren Informationen aus dem Vorzimmer eines in die Sache eingebundenen Politikers hatte.

Nun – ich wollte mich nicht gerade von einem Felsen hinabstürzen, aber bitter war die Niederlage doch, und ich brauchte eine Weile, um sie zu verkraften. Selbst jahrzehntelang im öffentlichen Leben unterwegs, kenne ich den Sinn der Worte des guten alten

Herrn von Goethe, die dieser vor zweihundert Jahren in seinem „Faust“ niederschrieb, nur zu gut: „Ein garstig Lied! Pfui! Ein politisch Lied!“

Doch wenn die Not am größten, ist die Hilfe am nächsten. Diese kam, und damit endet die Vorgeschichte, in Gestalt zweier Damen, die das Ränkespiel durchschaut hatten und die als Eigentümerinnen eines größeren land- und forstwirtschaftlichen Betriebes mir ganz unvermutet in einer Ecke ihres Besitzes einen Ersatz für das verlorene Paradies anboten. Gute Feen gibt es also nicht nur im Märchen.

Den von ihnen gehüteten Betrieb hatte einst ihr Vater, ein sehr erfolgreicher Kaufmann norddeutscher Herkunft, erworben und musterhaft auf- und ausgebaut.

Dabei hatte die Jagd natürlich von Anfang an einen hohen Stellenwert, und sie wird zum Nutzen nicht nur der Eigentümer und ihrer Gäste, sondern auch aller Nachbarn bis heute in vorbildlicher Weise betrieben. Der Gründer hinterließ seinen Erben nicht nur einen wohlgeordneten Besitz in einem der schönsten Täler des Salzburger Landes, sondern er vererbte auch ein hohes Maß an Klugheit und beeindruckender Bescheidenheit. Die wechselseitige Wertschätzung, und nicht allein die Anteilnahme an dem mir zugefügten Schaden, war dann wohl auch die Ursache, mir unerwartet die Chance zu geben, mein Jägerleben in den Bergen fortzusetzen.

Es folgte ein weiteres Jahrzehnt glücklichen Jagens in einer vom Herrgott selbst dramatisch inszenierten Bergwelt, so lange, bis mir der bei einem Ruheständler schmäler gewordene Geldbeutel, die durch unzählige bergauf und bergab gelaufene Kilometer etwas ramponierten Gelenke und ein Ereignis, auf das ich noch zurückkomme, eine Grenze setzten.

An die Unterschiede zwischen den beiden Bergrevieren mußte ich mich seinerzeit erst allmählich gewöhnen. War die Hütte im ersten Revier wie ein Adlerhorst am Rande eines Almbodens mit freier Sicht rundum und umgeben von etlichen eisbedeckten Dreitausendern gelegen, so lag das neue jagdliche Zuhause versteckt im steilen Bergwald.

Es war mit weiser Absicht einst dorthin gestellt worden, weil das Gebiet in den Wintermonaten außerordentlich von Lawinen bedroht ist. Das bejagbare Terrain besteht aus zwei Seitengräben des einst vom Gletscher trogartig ausgeschliffenen hinteren Kaprunertales. Das bedeutet, daß das Gelände nach unten hin, von der etwa auf 1.500 m Seehöhe gelegenen Hütte abwärts, immer steiler wird, nach oben hin aber zwischen steileren Abschnitten immer wieder Verebnungen, Kare heißt es in unserem Gebirge, zu finden sind. Diese sagen dem Wild als Einstände in der kurzen Sommerzeit sehr zu und bieten dem Jäger einen Überblick über den Wildstand und manchmal auch die Möglichkeit für den jagdlichen Erfolg. Erstaunlicherweise tummeln sich in diesen hoch gelegenen ruhigen Einständen fast alle hierzulande vorkommenden Schalenwildarten. Gemsen sind immer zu sehen, denn für sie ist das Gelände ideal. Im Sommer stehen sie auf den schattseitigen Hängen und äsen dort mit Vorliebe das spät vom Schnee befreite, noch zarte Gras. Im Winter suchen sie dann die sonnseitigen Steilabläufe auf, denn dort rutscht der Schnee immer wieder ab und macht es den Gemsen möglich, sich von dem durch die Kälte konservierten Gras zu ernähren. Aber auch das Rotwild fühlt sich in diesen Lagen vom Frühling bis zum Herbst ganz wohl. Es findet in den zum Teil mit Grünerlen bewachsenen Matten genügend Einstand und wird durch Touristen selten gestört. Wenn es Störungen gibt, dann sind es heute nicht mehr die abseits der Steige und Pfade herumkrabbelnden Zweibeiner, sondern die für das Wild zur Plage gewordenen fliegenden Windmühlen, sprich Helikopter.

Oberhalb der von mir bejagten Gräben liegt das bekannte Gletscherschigebiet des Kitzsteinhorns. Es kommt oft genug vor, daß die Hubschrauber zum Transport irgendwelcher Materialien dorthin benutzt werden. Geschah das in der Hirschbrunft, die in manchen Jahren auch in dieser Höhe recht lebhaft ist, dann hätte ich oft ganz gerne zur Büchse gegriffen, um eines dieser dröhnenden Ungetüme herunterzuholen.

Trotz der Höhenlage sind auch gar nicht so wenige Rehe vorhanden, darunter oft ganz bemerkenswerte Böcke. Einer meiner besten Böcke, dessen Krone die Bezeichnung „kapital" gebührt, wurde von mir nicht in der Ungarischen Tiefebene, sondern in diesem Revier auf rund 1.700 m Seehöhe erlegt. Sein Geweih wiegt, einige Jahre nachdem ich ihn strecken konnte, immer noch gute 500 Gramm. Zum ersten Mal war er mir im Frühjahr begegnet. Er stand mit vier weiteren Artgenossen auf einer erst wenige Tage zuvor schneefrei gewordenen Fläche. Trotz des langen Winters waren die Rehe kugelrund. Vermutlich waren sie während der ärgsten Zeit im Winter bei einer Fütterung im Tal gestanden, denn ein Fortkommen in dieser Höhe, in dem oft einige Meter hoch liegenden Schnee, wäre zu dieser Zeit ausgeschlossen.

Schon das Bastgehörn, das er am Haupt trug, war ziemlich eindrucksvoll. Aus Erfahrung weiß ich aber, daß nicht jedes barock geformte Bastgehörn zu einer ebenso beeindruckenden knöchernen Krone wird. Gespannt war ich allerdings doch darauf, was aus dem noch unfertigen Prachtstück werden würde.

Unsere nächste Begegnung fand dann wenige Tage vor Beginn der Jagdzeit statt. Der Anblick des nun blanken Kopfschmucks war dann doch so aufregend, daß mich der begleitende Jagdfreund dazu bewegen wollte, noch zwei Tage auf der Hütte zu bleiben, um am Morgen des ersten Jagdtags parat zu sein. Einen solchen Bock bekäme ich nie mehr wieder, wenn ich diese Chance vergäbe, meinte er. Diesem guten Rat stand allerdings mein damals noch ziemlich voller Terminkalender entgegen, und es wurde Mitte Juli, bis ich, begleitet von einer meiner Töchter und meiner Frau, wieder zur Jagdhütte hinaufsteigen konnte. In meinem Dreimäderlhaus war die Mittlere schon seit der Kindheit an der Jägerei interessiert. Wann immer sie mich begleitete, war mir auch St. Hubertus besonders gnädig, und das sollte auch bei diesem gemeinsamen Jagdunternehmen so sein. Während die Mami alles für einen gemütlichen Hüttenabend vorbereitete, zogen wir zu zweit zu einer nachmittäglichen Orientierungspirsch aus. Ziel war ein Bodensitz am Rand eines schon längere Zeit nicht mehr beweideten Almbodens, auf dem zu jeder Tageszeit mit dem Erscheinen von Wild zu rechnen ist.

Kaum hatten wir uns dort eingerichtet, tauchten am Gegenhang zwei Rehböcke auf, stürmten durch ein mit rauhen Steinen gefülltes Bachbett und verschwanden erst einmal in einem links davon liegenden, mit Grünerlen und Lärchen bewachsenen Hang. Das Bachbett, durch das die offensichtlich um den Einstand konkurrierenden Rehe flüchteten, war nicht deshalb ohne Wasser, weil es schon länger nicht mehr geregnet hatte, sondern weil alle Bäche dieses Tals einst beim Bau eines Großkraftwerks bereits in ihrem obersten Teil abgeleitet worden waren, um das Wasser in zwei großen Stauseen zu sammeln. Von landschaftsschonenden Restwassermengen hatte man zur Zeit der Errichtung der weltbekannten Kraftwerksgruppe Kaprun, kurz nach dem Zweiten Weltkrieg, noch nichts gehört oder wollte es damals auch nicht hören. Die Erzeugung von Strom hatte eben absolute Priorität!

Im Augenblick höchster Anspannung, in den Sekunden, in denen uns Jäger die archaische Leidenschaft des Beutemachens erfaßt, dachte ich allerdings an etwas anderes als an die Umweltsünden der Vergangenheit: Wo bleiben die beiden Böcke? Werden sie die Richtung ihrer Flucht beibehalten und dann links von mir in einer der Lücken des Almwaldes auftauchen? Die Antwort kam schneller, als zu erwarten war. Der stärkere der beiden trollte, einen Vorderlauf schonend, den vorher angenommenen Wechsel wieder zurück. Für mich bleibt es immer ein Rätsel, wie Rehe es schaffen, durch Stock und Stein zu stürmen und sich doch nur ganz selten dabei zu verletzen. Ganz ohne Blessur schien es aber dieses Mal doch nicht abgegangen zu sein. Zu unbeherrscht war die Aggressivität, durch die der Einstandskonkurrent verjagt werden sollte. Allzulange ließ ich den Bock nicht an der Verletzung seines Vorderlaufs leiden. Mein Schuß warf ihn in eine von blühenden Almrosen bedeckte Mulde. Beim Herantreten an die Beute verschlug es mir den Atem! Was da vor mir lag, war ein schon im Wildbret ungewöhnlich starkes Reh. Das ganz außergewöhnliche war aber die Krone. Sie war wundervoll geperlt, von den starken Rosen aufwärts bis zu den plattenartig verbreiterten Enden. Ein Lebensbock war es! Einer, den man sich zwar oft wünschen darf, der aber selten erbeutet wird. Im „Weidmannsheil" der Tochter und in der herzlichen Umarmung des Vaters fand jene Glückseligkeit ihren Ausdruck, die sich oft nur dann einstellt, wenn man seinen Erfolg und die Freude an der Jagd mit einem anderen Menschen teilen kann. Ob Kind, Frau oder Freund – so wie geteiltes Leid nur halbes Leid ist, kann geteilte Freude auch zur doppelten Freude werden. Ich empfinde es jedenfalls so.

Ich schoß in den folgenden Jahren in diesem Revier noch einige gute Rehböcke, schaute den Hirschen in der Feistzeit zu, lauschte in der Brunft den Äußerungen ihrer Leidenschaft und gab so manchem Freund aus nah und fern die Gelegenheit, eine Gams zu jagen.

Viele meiner Gäste fragten mich auch nach dem Ursprung der unterhalb der Hütte sichtbaren, zum Teil aber schon vom Wald überwucherten Reste von Bauwerken. Es sind das die aus schweren Steinen gemauerten Keller und Grundmauern eines ehemaligen Baulagers, in dem einst mehrere hundert Menschen hausten, die damit beschäftigt waren, in den Felsen große Tunnels zu bohren, durch die das Wasser des schon erwähnten Baches abgeleitet wurde. Im Zweiten Weltkrieg wurden dafür auch Kriegsgefangene und Zwangsarbeiter eingesetzt, deren Baracken unnötigerweise – denn in diesem Gebirge wäre jede Flucht sowieso aussichtslos gewesen – mit Stacheldraht umzäunt waren, dessen rostige Reste heute noch bündelweise im Wald herumliegen. Sie sind einer der vielen Beweise dafür, wie grausam wir Menschen oft mit unseresgleichen umgehen. Ob in

Workuta, in Kaprun oder anderswo – es gibt viele tausend Orte, an denen im vorigen Jahrhundert Menschen wie „Material" behandelt und dabei ihrer Würde, als Ebenbild Gottes, wie es so schön heißt, beraubt wurden. Wie viele Flüche, wie viele verzweifelte Seufzer mögen an diesem dunklen Ort ungehört geblieben sein? Und ein solcher dunkler Ort war der Platz, von dem ich rede, auch noch nach dem Krieg. Damals raste eine Staublawine über dieses Lager und verschüttete dabei ein Dutzend Arbeiter in einem Stollen. Wie viele Tote es gegeben hat, weiß ich nicht mehr genau, die Zahl steht im Tal auf einem Gedenkstein. Ich erinnere mich aber noch gut an die erschrekkenden Schlagzeilen in den Zeitungen.

Von anderen Opfern kündet dagegen kein Gedenkstein: von jenen vom Leichtsinn und der Lust an der Gefahr getriebenen Zeitgenossen, die immer wieder nach dem Motto „No risk, no fun" im Frühjahr die gesicherten Pisten des Gletscherschigebietes verlassen und in die gefährlichen Steillagen und Gräben im oberen Teil des Reviers einfahren. Manchen brachte das schon den Tod. Die einen wurden von Schneebrettern begraben, die anderen stürzten in einen der vereisten Gräben. Ich hörte von diesen Ereignissen immer erst aus dem Radio, denn zu dieser Zeit hatte ich als Jäger in dem Gebiet nichts zu suchen. Ich konnte mir aber ganz gut ausmalen, welchen Wirbel die eingeleiteten Such- und Hilfsmaßnahmen verursachten, wenn wieder einige der vom Leichtsinn getriebenen Jugendlichen abgängig waren. Der Einsatz von Hubschraubern, so wichtig er in so einem Fall auch sein mag, machte weder den Gemsen noch mir besondere Freude.

Auch an jenem denkwürdigen 11. November 2000, mit dem meine Zeit in diesem Revier zu Ende ging,

war es die von uns Menschen nicht selten exzessiv eingesetzte Technik, die zu einem besonders dramatischen Ereignis führte: Es waren zuerst erneut die Helikopter, die uns an diesem Tag die Stimmung verdarben. Wir, der schon genannte Freund und Helfer und ich, waren schon seit zwei Tagen im Revier, um den noch offenen Gamsabschuß zu erfüllen. Dabei erwies sich der Nebel wieder einmal als verläßlicher „Gamshüter". Wir konnten feststellen, daß die Gamsbrunft schon im Gange war, denn irgendwo in der grauen Suppe tauchte für Sekunden Wild auf, um sofort wieder zu verschwinden. An ein Ansprechen oder gar an einen Schuß war aber nicht zu denken. Erst am dritten Morgen durchbrachen gleißende Sonnenstrahlen die weichende Dämmerung und verhießen uns allerschönstes Herbstwetter. Die Gemsen hatten allerdings von diesem Wetterumschwung am Vortag schon gewußt, denn sie taten, was sie immer tun, wenn der Luftdruck steigt: sie zogen höher und standen hoch auf den noch schneefreien Lahnern und entzogen sich damit unserer Nachstellung.

Auf dem Rückweg zur Hütte, am frühen Vormittag, mußte ich plötzlich innehalten, denn ich hörte etwas ganz Eigenartiges: Einen Ton, der nichts mit den knatternden Rotoren der Hubschrauber zu tun haben konnte. Es war kein Schrei, auch kein Brüllen, eher ein ganz lautes, langgezogenes Stöhnen. Es kam aus dem Gegenhang, und ich konnte nicht sagen, ob dieser Laut von einem Tier ausging oder eine andere Quelle hatte. Am ehesten hörte es sich an wie der Schmerzensschrei eines Pferdes. Mir ging dieser Ton tatsächlich durch Mark und Bein, und ich fragte den einige Zeit nach mir zur Hütte kommenden Freund, ob er ihn auch gehört hätte.

Da er etwas schwerhörig ist, verneinte er. Was aber dann etwas später an unser beider Ohren drang, war wieder der an- und abschwellende Lärm mehrerer Fluggeräte. Wir ärgerten uns wie immer, wenn diese Dinger auftauchten, und da es mehrere waren, dachten wir an eine alpine Einsatzübung des Heeres. Als aber auch die Folgetonhörner von Ambulanzen und Feuerwehrfahrzeugen vom Talboden herauf zu vernehmen waren, dachten wir an ein größeres Manöver, an dem vielleicht auch das Rote Kreuz, die Feuerwehr und womöglich noch die Bergrettung beteiligt waren. Wir beschlossen jedenfalls, unseren Jagdausflug abzubrechen, denn die Gemsen würden sicher diesen Lärm nicht schätzen und noch höher ziehen, als sie es ohnehin schon getan hatten. Wir brachten die Hütte in Ordnung und stiegen zu Tal, mit der festen Absicht, in nächster Zeit, vielleicht schon in den nächsten Tagen, wieder zur Gamsjagd aufzubrechen. Daraus wurde dann nichts mehr, nicht mehr in diesem, aber auch nicht im nächsten Jahr.

Sie haben inzwischen wahrscheinlich schon erraten, was in unserer nächsten Nähe in diesem Tal damals passiert war. Wir erfuhren es, als wir am Talboden mit dem Auto an einer schier endlosen Kolonne von Einsatzfahrzeugen der verschiedensten Rettungsorganisationen vorbeifahren mußten. Auf die Frage, was denn eigentlich los sei, erzählte uns einer der bei ihren Fahrzeugen wartenden Helfer, daß ein bergwärts fahrender Zug der zum Gletscherschigebiet führenden Stollenbahn in Brand geraten sei. Noch wisse man nicht, ob Menschen zu Schaden gekommen wären, aber man müsse das Ärgste befürchten. Tatsächlich waren es dann 126, hauptsächlich junge, sportbegeisterte Menschen, die bei dieser Katastrophe ihr Leben lassen mußten, erstickten und im Feuersturm binnen weniger Minuten verbrannten. Waren es diese Opfer, die in der letzten Minute ihres Lebens diese Mischung von Seufzen, Schreien und Stöhnen, den unheimlichen Ton, der etwa um die Zeit, zu der das Unglück passierte, an mein Ohr gedrungen war, ausgestoßen hatten? Ich wage es nicht zu behaupten, könnte mir auch nicht erklären, wie der durch den Felsen gedrungen wäre. Jedenfalls schaudert es mich heute noch, wenn ich an dieses Erlebnis denke, und zugegebenermaßen hat es mir auch die Lust, weiterhin in diesem Revier zu jagen, verdorben. Der Abschied fiel mir, trotz der vielen schönen Erinnerungen an die dort oben verbrachten herrlichen Jagdtage, daher nicht allzuschwer.

Nach altem Glauben gibt es in den Bergen, auf den Höhen und in den Tiefen, unsichtbare Geister. Vielleicht rächen sich diese, wenn wir Menschen mit der Natur so rücksichtslos wie in unseren Tagen umgehen. Es wurden Kraftwerke gebaut, weil wir den Strom brauchen. Gut – das ist einzusehen. Es wurden aber auch mehr Seilbahnen als benötigt gebaut, die heute Tausende Spaß und Zeitvertreib suchende Menschen fast mühelos in höchste Höhen befördern – dorthin, wo einst nur die Dohlen hausten, wo nur gelegentlich der Fußabdruck eines Viehhirten, eines Jägers oder eines Bergsteigers zu finden war und wo es immer auch wichtig war, Spielregeln, die uns die Natur vorschreibt, einzuhalten. Diese Spielregeln sind den meisten dort heute ihr Vergnügen suchenden Zeitgenossen weitgehend unbekannt. Es gab manche Tage im Revier, an denen der Wind das Dröhnen harter Rockmusik, das vom Gletscher heruntertönte, bis zu mir trug. Ich fragte mich dann oft, was die Menschen dort oben eigentlich suchen, wenn sie den Lärm und die Unruhe des Tales nicht missen wollen.

Die Leute, die seinerzeit die Bäche versiegen ließen und die heute aus einem Gletscher eine Zirkusarena machen, schöpfen alle aus den gleichen Quellen. Ihr Denken und Handeln ist von einer unglaublichen Hybris, einer Maßlosigkeit im Umgang mit der Natur und bei der Anwendung technischer Mittel, bestimmt. Immer noch glauben viel zu viele Menschen in unserer Zeit, daß sie all das auch tun dürfen, was wir heute dank des technischen und wissenschaftlichen Fortschritts können.

Seinerzeit fanden die Techniker, Manager und Politiker die Rechtfertigung ihres Tuns in der Notwendigkeit, ein Land wieder aufzubauen. Heute ist es die Sucht, den Gewinn, der kurzfristig durch die Ausbeutung der Natur entsteht, weiter zu steigern. Jeder, der nicht an das immerwährende Wachstum der Wirtschaft glaubt, wird schnell zum Ignoranten gestempelt.

Als der Atommeiler von Tschernobyl explodierte – ein aufsehenerregendes Ereignis, das uns alle eine gewisse Zeit zum Nachdenken gezwungen hat, aber letztlich doch ohne nachhaltige Folgen für das Denken und Handeln in unserer Gesellschaft blieb –, stand bei einem großen Palaver von Politikern, Experten und Journalisten die Frage im Raum: Wie gefährlich ist der Schilauf auf dem Gletscher, nachdem der Ostwind eine ganze Menge radioaktiven Niederschlags von der fernen Ukraine in unsere Alpentäler getrieben hat? Der Schnee des Gletschers wurde untersucht, und – oh Wunder! – die Dosimeter zeigten kein strahlendes Cäsium an. Selten habe die Gesichter der Verantwortlichen der Gletscherbahn, aber auch einiger Politiker so entspannt gesehen wie damals nach dieser Nachricht. Während im ganzen Land an allen möglichen Ecken und Enden eine erhöhte Radioaktivität festgestellt wurde und die Gazetten einen ganzen Sommer lang vor dem Genuß von Maronenröhrlingen – Pilzen, die sowieso kaum jemand ißt – und von Wildbret warnten, konnten sich die Sportbegeisterten dem Schilauf am Gletscher scheinbar bedenkenlos hingeben. Wie heißt es im Vergnügungsbusineß: „The show must go on." Selbst dann, wenn kurz vorher eine Bombe auf der Bühne explodiert ist.

In der Sprache des Militärs gibt es seit kurzem den Begriff „Kollateralschäden". Damit sind jene unbeabsichtigten Opfer an Menschen und Sachschäden gemeint, die bei kriegerischen Handlungen entstehen. Die Opfer des 11. November 2000 werden wahrscheinlich von manchen Zeitgenossen wohl auch zu den Kollateralschäden gezählt, was natürlich nicht ausgesprochen wird. Die kleineren Unglücke, die laufend passieren, die vielen Sportler, die im Laufe eines Jahres schwere Verletzungen bei ihrem Vergnügen davontragen, sind keine Schlagzeile wert. Aufsehen erregt nur, wenn gleich ein Dutzend von ihnen von einer Lawine verschüttet wird, wie das ein Jahr vor der großen Tragödie geschah.

Die Stollenbahn, bei der das schreckliche Unglück passierte, wurde nicht mehr erneuert. An ihrer Stelle wurde neben der bereits vorhandenen eine zweite Seilbahn errichtet, die noch schneller unterwegs ist und noch mehr Menschen transportieren kann. Es wurden Schuldige für das Unglück gesucht und natürlich nicht gefunden, denn schließlich müßte man ein ganzes System unter Anklage stellen. Die vielen tausend Sportler, die das ausgedehnte Gletscherschigebiet jetzt wieder bevölkern, wissen entweder nichts mehr von der Katastrophe oder haben sie aus ihrem Bewußtsein verdrängt. Das Motto, nach dem die meisten von ihnen leben, heißt: „Fit for fun“ oder „das Leben ist nichts, aber der Spaß daran ist alles“.

„Wildgänse rauschen durch die Nacht...“

Anno 1956 arbeitete ich als Ferialpraktikant einen Sommer lang in einer am Vänersee in Schweden liegenden Papier- und Zellstoffabrik. Es war mein erster Aufenthalt in Schweden, nicht aber in Skandinavien, denn zwei Jahre zuvor hatte ich zwei Monate in Dänemark verbracht. Schon damals hatte ich mir vermutlich jenes Virus geholt, das meine Sehnsucht nach dem Norden immer wachhält und das mir mit Anlaß war, im Laufe der Jahre mehrere Reisen in die skandinavischen Länder, auch nach Norwegen und Finnland, zu unternehmen und auch ab und zu dort auf die Jagd zu gehen.

So unternahm ich in den letzten beiden Jahren (ich schreibe diese Zeilen im Jänner 2003) Reisen, um Rehböcke in Südschweden, genauer gesagt in Schonen, zu jagen. Die Zeit, in der ich als unternehmungslustiger Jüngling nach Schweden fuhr, um Geld zu verdienen oder mit den in Studentenkreisen behaupteten Freizügigkeit der Schwedenmädel Erfahrungen zu sammeln, ist jedenfalls schon längst vorbei.

Als ich mir nach meinem ersten Aufenthalt als Ferialpraktikant in „Little America“ im Lohnbüro der Fabrik die noch ausstehende Löhnung holte, verwikkelte mich der gerade anwesende Personalchef der Firma, ein freundlicher älterer Herr, in ein Gespräch. Er sprach fließend deutsch, was in jenen Jahren bei gebildeten Schweden noch gang und gäbe war, und wollte nicht nur über meine Herkunft Bescheid wissen, sondern er fragte auch, wie mir die Arbeit in seinem Unternehmen gefallen hätte. Wahrheitsgemäß sagte ich, daß ich für die Tätigkeit und den dafür empfangenen Lohn sehr dankbar sei und mir die Schweden im großen und ganzen freundliche Leute zu sein scheinen. Lediglich die Betrunkenen im nahegelegenen Städtchen seien mir negativ aufgefallen. (Selbst der Schichtmeister, dem ich bei meiner Tätigkeit unterstellt war, konnte sich nach dem Konsum der damals noch vom Staat sehr rigoros rationierten Alkoholika kaum auf den Beinen halten. Er soff die für einen ganzen Monat bewilligte Menge an billigem Branntwein in einem Zug aus, warf die leere Flasche mit Schwung durch das geschlossene Fabriksfenster und fand das alles ungeheuer lustig. Dieses Detail meiner Erfahrungen mit dem Alkoholmißbrauch schilderte ich natürlich dem Personalchef nicht, denn das hätte den sonst so freundlichen, hilfsbereiten Vorarbeiter möglicherweise den Job gekostet.)

Mein Gesprächspartner suchte dann auch eine entschuldigende Erklärung für die Schwäche der Schweden, was den Alkohol betrifft. Diese Schwäche teilen sie heute bekanntlich auch mit anderen Nationen. In der zweiten Hälfte des 19. Jahrhunderts sei, so behauptete er, die Hälfte der schwedischen Bevölkerung nach Hungersnöten und schweren sozialen Krisen in das Land der unbegrenzten Möglichkeiten, in die Vereinigten Staaten, ausgewandert. Das seien die Tüchtigen und Fleißigen gewesen, während es sich bei den Zurückgebliebenen hauptsächlich um Alkoholiker gehandelt habe. Der Mann übertrieb natürlich über alle Maßen und war gewiß bei der Beurteilung der Fähigkeiten seiner Landsleute ein ziemlicher Skeptiker. Die Verbindung von Alkoholkonsum mit Hunger und Not ist aber bekannt und nicht abzustreiten. Auch sind tatsächlich zwischen 1850 und dem Ende des Jahrhunderts von den damals in Schweden lebenden 5 Millionen Einwohnern 1,5 Millionen ausgewandet. Das war für dieses Land ein gewaltiger Aderlaß. Die Auswanderer, darunter natürlich viele junge tüchtige Menschen, gingen auch tatsächlich zum Großteil in die USA, wo heute noch gar nicht so selten schwedische Namen auf den Türschildern der Chefetagen großer Konzerne zu finden sind. Erst die forcierte Industrialisierung und die Einführung moderner Methoden der Landbewirtschaftung konnten diesen Trend zur Auswanderung stoppen und später sogar in das Gegenteil verkehren. Schweden wurde im vergangenen 20. Jahrhundert eine Zone des Wohlstands, die auf viele Menschen aus den vom Krieg geschädigten Ländern Europas eine große Faszination ausübte und für Asylsuchende sowie Wirtschaftsflüchtlinge aus aller Herren Länder selbst in unseren Tagen immer noch eine große Anziehungskraft hat.

An all das mußte ich denken, als ich viele Jahre nach meinem ersten Aufenthalt wieder in eine Gegend Schwedens kam, wo zwar auch nicht gerade Milch und Honig fließen, der Boden aber fruchtbar ist, die Orte blitzsauber sind und die Menschen mit Arbeit und Brot wohl versorgt zu sein scheinen. Es ist das jener südlichste Teil Schwedens, der in seinem Landschaftscharakter den nahe gelegenen dänischen Inseln ähnelt. In Schonen liegt der größte

Teil der landwirtschaftlich genutzten Fläche Schwedens, die heute nur mehr 7 % der gesamten Staatsfläche ausmacht. Den Wunsch, in diesem schönen Landstrich einmal auf Rehböcke zu jagen, von denen in Jägerkreisen wegen ihrer starken Trophäen viel geredet wird, hatte ich schon lange mit mir herumgetragen. Gelegenheit dazu fand ich schließlich auf einem größeren landwirtschaftlichen Betrieb, er umfaßt rund 700 Hektar und liegt in der Nähe des Städtchens Kristianstad.

Dort, wo heute dieser Betrieb liegt, wurde aus den schon geschilderten Gründen Ende des 19. Jahrhunderts eine große Melioration durchgeführt, das heißt: Der träge in Richtung Ostsee fließende Helgeå wurde eingedeicht und damit das trockengefallene Schwemmland in wertvolle, fruchtbare Ackerböden verwandelt. Heute werden auf dieser Fläche in wechselnder Folge Weizen, Kartoffeln, Gerste, Erbsen und Hafer angebaut und dabei respektable Erträge erzielt. Die Fläche der einzelnen Getreide- und Hackfruchtschläge erreicht dabei fast ungarische Ausmaße.

Nach alter schwedischer Tradition und auf Grund geltender gesetzlicher Vorschriften beginnt die Jagd auf den Rehbock erst Mitte August, zu einer Zeit also, da die Ernte noch voll im Gange ist. Das macht die Bejagung der Böcke nicht leicht, denn abgesehen von der Unruhe, die auf den Feldern herrscht, werden, wie bekannt, die Rehböcke nach der Brunft (diese dauert in Südschweden genauso wie in Mitteleuropa bis etwa Mitte August) heimlicher. Der späte Beginn der Jagdzeit auf den roten Bock bringt allerdings auch Vorteile: Das Wild ist ungleich vertrauter als in Gegenden, in denen ihm vom Frühjahr bis zum Sommer unentwegt nachgestellt wird. Das bestätigte sich bei den Erkundungspirschen, die wir, zwei meiner Jagdfreunde und ich, ein bis zwei Tage vor dem 16. August unternahmen: Hier und da zog noch am frühen Nachmittag ein Pärchen seine Kreise, es standen im Wildacker zwei jüngere Böcke, die einander offensichtlich wieder leiden konnten, und es kam schon mal vor, daß am hellichten Tag Rehwild irgendwo auf den Stoppeln eines schon abgeernteten Getreidefeldes niedergetan war.

Am Morgen des 16. August wird es jedenfalls für Rehböcke sehr gefährlich, denn dann knallt es in dieser Gegend, als feiere jemand eine vorgezogene Silvesterparty. Ob alle Schweden, die eine Büchse besitzen, sich auch an diesen Stichtag halten, muß ich allerdings nach einer Erfahrung, die wir im letzten Jahr machten, etwas bezweifeln.

Für meinen alten Freund Hubert hatten wir am Vorabend des Lostags gemeinsam einen Bock bestätigt. Allem Anschein nach trug er eine kapitale, sehr hohe Krone. Ihn zu erbeuten, würde etwas schwierig werden, denn er stand sehr nahe an der Reviergrenze und zog dort zwischen einer steinigen, von Stauden überwucherten Insel im Acker und dem mit Birken und Erlen bewachsenen Hochwasserdamm hin und her – wenn er überhaupt unterwegs war. Ein Problem war auch der auf der freien Fläche unstete Wind und die Schwierigkeit, möglichst störungsfrei an den vermuteten Einstand heranzukommen. Das war jedoch für den erfahrenen Rehwildjäger keine unlösbare Aufgabe: Wir organisierten am Gutshof eine ziemlich fragile Minikanzel, eher ein Kinderspielzeug denn eine solide Reviereinrichtung, an denen in Schweden überhaupt Mangel zu herrschen scheint. Dann platzierten wir dieses Gestell in der Nähe des Dammes und ließen Hubert schon zeitig am Nachmittag vom Geländeauto direkt in die Kanzel umsteigen, wohl wissend, daß in Gegenden, in denen landwirtschaftliche Nutzfahrzeuge ständig unterwegs sind, ein Auto vom Rehwild meist nicht als Störung oder Bedrohung wahrgenommen wird; vor allem dann, wenn der Schuß von einem Fahrzeug aus, so wie in Schweden, ausdrücklich verboten ist – was ich für richtig halte!

Nicht am ersten Abend, doch am nächsten Tag war es dann soweit: Der Bock strebte schon am frühen Abend vom Damm zu dem bewachsenen Hügel und vernahm den Knall des Schusses nicht mehr.

Die Besichtigung des erlegten Stückes brachte für Hubert eine kleine Enttäuschung. Die auf Grund gemeinsamer Beurteilung als kapital angesprochene Krone war, was sie absolute Höhe betrifft, recht durchschnittlich. Eine Erklärung für die „Fata Morgana“ war auch rasch gefunden: Der Bock hatte gestutzte Lauscher, was bei näherer Besichtigung eindeutig auf einen Schuß zurückzuführen war. Die Kugel hatte beide Lauscher durchschlagen und sie damit auf die Hälfte gekürzt. Dadurch schienen die Stangen aus der Ferne höher zu sein, als sie tatsächlich waren. Seit dem Schuß mußte es schon eine Weile her sein, den die Wundränder waren bereits trokken und verschorft. Diese für den Bock sicher sehr schmerzhafte Verstümmelung beraubte ihn wahrscheinlich auch eines Teils des für Rehe so wichtigen Hörvermögens und war eine höchst unweidmännische Tierquälerei. Der Drang, sich zu vermehren, dürfte allerdings den Schmerz gedämpft haben. Mein Glaube an die Ehrlichkeit und die Gesetzestreue der meisten Schweden ist seit dieser Erfahrung jedenfalls etwas beeinträchtigt. Der Schütze wollte vermutlich den Beginn der Jagdzeit nicht abwarten und schoß noch dazu auf ein Wild, von dem er im hohen Getreide nur das Haupt sehen konnte.

Ich selbst hatte bereits einen Tag vor dem „relativen“ Erfolg meines Freundes Weidmannsheil und erlegte einen recht guten Bock, dem ich schon ein Jahr vorher begegnet war. Damals war er auf einer mehrere Hektar großen Fläche gestanden, die auf drei Seiten von Wald umschlossen ist und sich nach einer Seite hin zu den großen Feldern öffnet. Der Gutsbesitzer und Jagdinhaber hatte dort einen Wildacker angelegt, dem sich eine Kunstwiese zur Grassamenproduktion und, schon außerhalb der Rechtecks, ein noch nicht abgeerntetes Weizenfeld anschlossen.

Ich saß nun am Morgen des ersten Jagdtages an der linken Schmalseite dieses Rechtecks auf einer ziemlich windigen Leiter, die zu benutzen, vor allem beim Schuß, eher fast die Gelenkigkeit eines Schlangenmenschen erforderte. Dieser Morgen wäre auch ohne Jagderfolg zu einem ehemaligen Erlebnis geworden. Das Wetter war für die geographische Breite, auf der Südschweden liegt, auch in diesem Jahr in der zweiten Augusthälfte ungewöhnlich mild. Vielleicht ist auch das ein Zeichen des Klimawandels, denn normalerweise beginnt um diese Zeit in Schweden schon der Herbst. Ungeachtet des fast an südliche Gegenden erinnernden Sommerausklanges hatte der Vogelzug bereits begonnen, und Tausende Gänse, Grau- und Kanadagänse, machten in der wasserreichen Gegend mit ihrem reichlichen Nahrungsangebot auf dem Zug nach Süden Station. Schon vor Sonnenaufgang pflügten sie in großen Keilen durch den noch kaum beleuchteten Himmel. In ihr Rufen mischte sich das Trompeten der Kraniche, deren Flug vor der aufgehenden Sonne ein unvergleichlich elegantes Bild bot.

Bereits am Vorabend hatte ich auf dieser Fläche zwei Böcke gesehen, wobei einer unverwechselbar war, denn es handelte sich um einen sogenannten Kreuzbock. Wenige Zentimeter oberhalb des starken Vordersprosses ragte bei ihm ein langes Geweihende nach hinten. Gerade diesen Bock wollte ich natürlich erbeuten und wartete sehr gespannt auf das Weichen der Dämmerung. Auf der sich allmählich erhellenden Bühne standen allerdings nur eine Geiß mit Kitz und unweit davon ein Spießer, vermutlich der Nachwuchs aus dem Vorjahr. Beim geduldigen Absuchen der Fläche mit dem Fernglas blieb schließlich doch mein Blick am Haupt eines weiteren Rehbocks hängen, der noch im Weizen stand und keine Anstalten machte, auf die freie Fläche auszutreten. Ich kannte ihn, besser seine Krone, wie gesagt schon aus dem Vorjahr: Zwischen den Lauschern prahlte er mit zwei starken, hohen, gut vereckten Stangen von seltenem Ebenmaß. Im Vorjahr war er außerhalb der Schußdistanz über die Fläche gezogen, hatte sich aber mit Hilfe des bei solchen Jagden von mir immer mitgeführten Fernrohrs recht gut ansprechen lassen. Schließlich hatte er irgendeinen Jüngling auf Schwung gebracht und sich dadurch der Gefahr, von mir erlegt zu werden, entzogen, denn es war der letzte Morgen vor der Abreise.

Nun war er wieder da, zeigte aber wenig Lust, das schützende Meer aus Getreidehalmen zu verlassen. Ich überlegte, was zu tun wäre, und entschloß mich zum Versuch einer akustischen Verführung. Ich gab mittels zarter Töne vor, eine noch paarungsbereite Geiß zu sein. Kaum hatte ich mit meiner Musik begonnen, erschien in meinem linken Augenwinkel auf dem Wildacker unvermutet ein anderes Reh. Es war ein Bock mit eisgrauem Haupt, der mir als Beute natürlich auch ganz gut gefallen hätte. Er sicherte aber nur ganz kurz und gespannt, aber nicht in meine Richtung, sondern zu dem auf mein Blatten hin aus dem deckenden Getreide getretenen „Feschak“. Er mußte mit diesem schon schlechte Erfahrungen gemacht haben, denn der Weißkopf drehte sich sofort wieder um und verschwand mit langen Fluchten im Einstand. Da mir nun keine Alternative blieb, entschloß ich mich rasch, meinen Bekannten vom Vorjahr zu erlegen, auch wenn er für mich gar nicht so typisch für die Schwedenböcke ist. Diese zeichnen sich durch hohe, meist stark geperlte, sehr urig wirkende Stangen aus, die aber eher wenig vereckt sind. Die mir vom Schicksal angebotene ebenmäßige Schönheit hätte ebensogut in einem mitteleuropäischen Revier stehen können, Die Jagdgeister verzeihen jedoch, das weiß ich aus Erfahrung, extravagante Ansprüche meistens nicht. Und ich wollte nicht, so wie im Vorjahr, nach einigen verpaßten Gelegenheiten mit einem mageren Ergebnis nach Hause fahren. Ich schoß also und beobachtete dabei ein ganz ungewöhnliches Schußzeichen. Den Bock riß es von den Hinterläufen, er machte eine Kerze und hätte sich fast überschlagen. Dann stürmte er dem Wald zu, wo ich ihn nach angemessener Wartezeit wenige Meter vom Rand entfernt verendet fand. Am Haupt und an den Flanken zeigte er deutliche Spuren vorangegangener Kämpfe, womit sich auch eine Erklärung für das Verhalten des Weißköpfigen ergab.

Eine Jagdreise nach Schweden braucht ihre Zeit und bedeutet einigen Aufwand. Ein Bekannter, von mir darauf angesprochen, ob er nicht im nächsten Jahr mit von der Partie wäre, antwortete ohne Um-

schweife: Wegen eines Rehbockes – nein, da tue er sich die Plage, fast tausend Kilometer zu fahren, nicht an. Wie so vieles bei der Jagd ist halt auch eine solche Jagdfahrt Geschmackssache und entzieht sich einer rationalen Beurteilung.

Ich gebe aber zu, daß sich bei mir zu dem immer noch nicht ganz gestillten Verlangen, meine Trophäensammlung um ein paar gute Stücke zu erweitern, auch andere Gefühle mischen. Ich genieße eben bei jeder Fahrt nach Norden die Erinnerung an schöne, ferne Jugendtage. Die blonde Nixe, die ich einst am Ufer des dunklen Götaälv einst traf, werde ich wohl nicht mehr finden. Aber vielleicht treffe ich im Wald einen Troll, einen dieser nordischen Waldgeister, die in den Mooren und dunklen Wäldern herumspuken sollen. Dieser wird mir dann aus der Geschichte erzählen: von jener frühen Zeit, in der die jungen Männer die Drachenboote zu Wasser ließen, um damit zu fremden Ufern zu segeln. Sie taten das mit der Absicht, Beute zu machen. Ihr Ruf war bei vielen Menschen damals genauso schlecht wie jener der in unseren Breiten so gefürchteten Hunnen. Waren sie mit reicher Beute zurückgekehrt, dann wurden sie von den Alten, den Frauen und den Kindern als Helden gepriesen, denen ein Platz in Walhall gesichert sei. So war das immer schon auf dieser Erde: Wer dem einen ein Räuber, ist dem anderen ein Held.

Auch einige hundert Jahre nach den Wikingern zogen die Schweden, zu deren Reich damals auch Finnland zählte, erneut los, um halb Europa in Angst und Schrecken zu versetzen. Sie taten das auf Befehl ihres Königs, der sich als Streiter für den wahren, reformierten Glauben feiern ließ. Insgesamt dreißig Jahre dauerte der Krieg, in dessen Verlauf auch die Schweden eingriffen und bei dem unzählige Schlachten geschlagen, Städte belagert und Dörfer geplündert wurden. Kaum zu glauben, daß die heute so friedlichen Schweden einmal einen so schlechten Ruf hatten. – Irgendwann vor Jahren hatte ich einmal mit einem schwedischen Minister zu tun, dem ich erzählte, daß meine Heimatstadt Salzburg im Dreißigjährigen Krieg nur dank ihrer Befestigung durch den vorausschauenden Landesherrn von seinen Vorfahren verschont geblieben sei. Er reagierte auf typisch schwedische Art und meinte: „Jåhå, was wollten die den eigentlich hier?“ So verdrängt man die eigene Geschichte, denn wer will sich schon immer wieder an die oft blutige Vergangenheit erinnern lassen?

„Wildgänse rauschen durch die Nacht mit wildem Schrei nach Norden...“ Dieses Lied von Walter Flex wurde in meiner Jugend noch dort und da gesungen. Heute ist es, wie sein Dichter, der einer der Bannerträger der deutschen Jugendbewegung vor dem Ersten Weltkrieg war, kaum mehr bekannt. Romantische Hinwendung zur Natur, gepaart mit Abenteuerlust und Sehnsucht nach der Ferne, Kameradschaft und oft auch ein übersteigertes Nationalbewußtsein bewegten in dieser Zeit viele Menschen. Es klingt wie die Vorahnung kommenden Unheils, wenn die erste Strophe des Liedes mit „Habt acht! Die Welt ist voller Morden!“ schließt. Der Weg vom Lagerfeuer in die Schützengräben des Ersten Weltkrieges war für die jungen Männer kurz, und viele verloren, so wie Walter Flex und sein Altersgenosse Hermann Löns, der mit seinen Naturschilderungen auch uns Heutigen noch etwas sagt, im Krieg ihr Leben. In meiner Altersklasse – ich wurde wenige Jahre vor dem Zweiten Weltkrieg geboren – konnten dagegen viele junge

Menschen in eine lange Periode des Wohlstands und des Friedens hineinwachsen. Je älter ich werde, um so mehr bin ich bereit, mein Leben als Gnade Gottes zu sehen. Gerade in Stunden, in denen sich die Wunder der Natur mir offenbaren, bin ich mir dieser Gnade besonders bewußt und dem Schöpfer dankbar. Gewiß – der Schrei der Wildgänse in dunkelnder Nacht ist noch kein Gottesbeweis; aber ein Signal, über die Allgegenwart dieses Schöpfers aller Welten nachzudenken.

„'irschen“ und „'asen“

Ein guter Freund (natürlich kein alter, denn dieses Eigenschaftswort würde dem Selbstverständnis jenes „Mannes in den besten Jahren“ widersprechen) lud mich eines Tages ganz spontan ein, ihn auf eine kurze Reise nach Ungarn zu begleiten. Es war Herbst, Hirschbrunft, und in einem Jagdgebiet nördlich des Plattensees waren von ihm dorthin vermittelte Jagdgäste eingetroffen. Er wollte nun dort nach dem Rechten sehen.

Da er mich lange genug kennt, weiß er, daß der Herbst für mich immer eine schwierige Jahreszeit ist. Das mag bei einem Jäger erstaunen, denn diese Jahreszeit bringt mit der Hirschbrunft doch den Höhepunkt des Jagdjahres, den ich in meinem Bergrevier lange Jahre in vollen Zügen genießen konnte. Dennoch, die Ahnung des herannahenden Winters und damit des Abschieds von den Höhen und von der heimeligen Hütte schlug sich immer schon auf mein Gemüt. Da konnte mich auch die Hoffnung, vielleicht zur Gamsjagd noch einmal im Revier unterwegs zu sein, nicht trösten. Der Winter dauert halt auch in solchen Gegenden immer furchtbar lang! Fünf bis sechs Monate vergehen, bevor es wieder soweit ist: Dann lassen die tanzenden Kleinen Hahnen nicht nur das Herz des Jägers, sondern wahrscheinlich auch ihr eigenes höher schlagen.

Nachdem ich mich mittlerweile „nolens volens“ auf meinen jagdlichen Hausgarten zurückziehen mußte und die Einladungen in anderen Revieren zu weidwerken, immer seltener werden (die Zahl der Jagdinhaber in meinem Alter wird geringer, und die jungen Nachfolger haben, was ich verstehe, andere Beziehungen und Freunde), ist mir so ein überraschendes Angebot, etwas Abwechslung in meinen jagdlichen und sonstigen Alltag zu bringen, natürlich stets besonders recht.

Also brachen wir auf, um in das „Kukuruzland" zu fahren, uns dort um die Jagdgäste zu kümmern und nebenbei Hirsche zu hören und zu sehen. Das Ziel unserer „Visitation" lag auf halbem Weg zwischen dem Plattensee und einer Kleinstadt mit dem netten Namen „Papa". Der größte Teil dieses rund 10.000 Hektar großen Jagdgebietes liegt in der kleinen westlichen Tiefebene, dem „Kis alföld". Im Südteil dagegen finden sich einige für die Umgebung des Plattensees typische Erhebungen vulkanischen Ursprungs. An den Sonnseiten dieser längst erloschenen Vulkankegel wächst übrigens hervorragender Wein, der sicher in den nächsten Jahren einen Spitzenplatz unter den Weinen Europas einnehmen wird. Der flache Teil des Reviers ist geprägt von riesigen Ackerschlägen, einer Flurverfassung, die der „reale Sozialismus" hinterlassen hat. Auf diesen oft mehr als hundert Hektar großen Ackerflächen wird vorwiegend der in den letzten Jahrzehnten auch in Europa zur Nutzpflanze Nr. 1 gewordene Mais produziert. Dieses Getreide, das nach der Entdeckung Amerikas über den großen Teich kam, ist eine wahre Wunderpflanze. Mais ist mit sich selbst verträglich, wie es in der Fachsprache der Landwirte heißt. Das bedeutet, daß er mehrere Jahre hindurch immer wieder auf der gleichen Fläche gesät und geerntet werden kann, ohne daß merkliche Ertragseinbußen zu befürchten sind. Dies ist bei anderen Ackerpflanzen, z. B. Weizen, aber auch bei Kartoffeln nicht möglich, und daher muß bei ihnen ständiger Fruchtwechsel eingehalten werden. Mais ist die Basis der intensiven Schweinemast, wird aber auch bei der Fütterung der Rinder und des Geflügels als Energielieferant verwendet. Jedenfalls singt der Zupan im „Zigeunerbaron" von Johann Strauß nicht ohne Grund: „Schon seit Kindesbeinen beschäftige ich mich mit Schweinen...", denn schließlich ist er ein Ungar.

Aber nicht nur die Schweinchen, die zahmen genauso wie ihre wilden Vettern, sind scharf auf den Kukuruz, auch die Hirsche wissen diese Goldfrucht zu schätzen. Ab der Mitte des Sommers fühlen sie sich in dem schier endlosen Maisdschungel sicher, und werden im Herbst die Kolben des Maises immer fester und körniger, dann bieten die Einstände dem Rotwild einen reich gedeckten Tisch, der den Feist bis zur Unruhe der Brunft fast von Tag zu Tag dicker werden läßt.

10 % der Fläche dieses Jagdgebietes bestehen aus Wald oder aus dem, was man dort noch als Wald bezeichnet. Es sind das Bauminseln in den großen Ackerflächen, aber auch Gehölze entlang der Wege und der Entwässerungsgräben, die hauptsächlich mit Robinien, Eichen und gelegentlich auch Kiefern bestockt sind. Zur Brunft sind es die älteren, stärkeren Hirsche, die diese „Wälder" als Tageseinstand wählen; wahrscheinlich deshalb, weil sie in diesen Einständen ihre Rudel besser zusammenhalten können als im Mais.

Zusammenhalten war auch die Parole für die Neuordnung der Jagd nach dem Zusammenbruch der marxistischen Gesellschaftsordnung in Ungarn.

Die Versuchung, die im Zuge der Kollektivierung der Landwirtschaft entstandenen großen Jagdgebiete wieder aufzuteilen, war bestimmt vorhanden. Schließlich ging es ja wohl darum, die Ansprüche der früheren Eigentümer zu berücksichtigen. Nach einigem Hin und Her war der ungarische Gesetzgeber aber doch entschlossen, ein Jagdgesetz zu verabschieden, das die Erhaltung großflächiger Jagdgebiete sichert. Das ist bestimmt auch auf den großen Stellenwert, den die Erlöse der Jagdwirtschaft in der Volkswirtschaftsberechnung Ungarns einnehmen, zurückzuführen. Der Stolz, Europas Jagdland Nr. 1 zu sein, hätte dafür sicher nicht genügt.

Nachdem die ungarische Gesellschaft sich nach dem Ende des sogenannten realen Sozialismus für ein marktwirtschaftlich orientiertes System entschieden hatte, war es nur konsequent, auch die Jagd dem Wechselspiel von Angebot und Nachfrage zu unterwerfen. Die Nachfrage nach starken Hirschen, besser gesagt nach deren Kopfschmuck, ist immer noch groß genug, um beachtliche Wildstände zu hegen und die damit verbundenen Schäden an den landwirtschaftlichen Kulturen, sofern sie sich in erträglichen Grenzen bewegen, in Kauf zu nehmen. Früher spielten Wildschäden überhaupt keine Rolle, denn es jagte ein nicht unbeträchtlicher Teil der kommunistischen „Nomenklatura" und in einer Volksdemokratie wurde bekanntlich das Volk nicht gefragt, ob ihm etwas paßt oder nicht.

Heute locken das Wild und die damit verbundenen Jagdmöglichkeiten alljährlich Tausende Ausländer in die Reviere an Donau und Theiß. Mit jedem von einer Schrotgarbe getroffenen Fasan fallen auch ein paar Euro auf die gesegnete ungarische Erde, und mit jedem Kugelschlag werden die Kassen der

Jagdgenossenschaften, aber auch des Staates um etliche Dollar aufgefettet.

Mein Gönner und ich trafen also in einem recht ordentlich ausgestatteten Jagdhaus auf drei der kommenden jagdlichen Ereignisse harrende ausländische Jäger. Am Tag zuvor hatte eine andere Gästegruppe bereits zwei sehr respektable Hirschgeweihe erbeutet, die schon abgekocht an der Hauswand lehnten und die Erwartung der neuen Gäste in die Höhe trieben. Die Brunft war in vollem Gang, und auch das Wetter entsprach den Erwartungen. Die Nächte waren kühler geworden, und ein kurzer Regenschauer beendete die seit dem Sommer anhaltende Trockenperiode.

Ich wurde am Abend des Ankunftstages auf eine Kanzel eingewiesen, die mir einen weiten Blick rundum gestattete. Noch bei bestem Büchsenlicht hoben in nicht allzu großer Entfernung zwei Hirsche mit dem von mir schon erwarteten Konzert an, und ich konnte einen von ihnen als mittelprächtigen Vierzehnender ansprechen. Seine behauptete oder tatsächliche Bereitschaft, gegen jeden Konkurrenten zu kämpfen, bekundete er damit, daß er einige kräftige Stauden entlang eines Weges zu Kleinholz schlug. Nach getaner Arbeit zog er wenige Meter entfernt an meiner Kanzel vorbei, den Äser hoch erhoben und mit dem Lecker nervös den Windfang netzend. Als in ebenfalls geringer Entfernung der Brunftschrei eines anderen Hirsches zu vernehmen war, entrang sich auch seiner Drossel ein Ton, mehr ein Murren denn ein hitziger Kampfschrei. Den weiteren Verlauf der Begegnung dieser zwei vermutlich nicht allzu alten Hirsche konnte ich nicht mehr verfolgen, denn es legte sich die Dämmerung über das Land, die es mir erlaubte, unbemerkt – wenigstens bildete ich mir das ein – meinen Platz zu verlassen und dem Treffpunkt mit dem Berufsjäger zuzustreben.

Im Jagdhaus wurde dann über das Beobachtete berichtet, und jeder, auch die drei Gastjäger, hatten einiges zu erzählen. Sie hatten schon einen beeindruckenden Anblick gehabt, und die Hoffnung, bald zu Schuß zu kommen, war um einiges gestiegen.

Einer aus diesem Trio war ein biederer Handwerker aus Bayern, der es durch Fleiß und wahrscheinlich auch mit Glück und Verstand im Laufe seines Lebens zu einem respektablen und vermutlich auch ertragreichen Unternehmen gebracht hatte. Sein Händedruck und auch sein Gesicht vermittelten den Eindruck von Tatkraft und Verläßlichkeit. Was er in seinem Beruf bewiesen hatte, schien jedoch beim Jagen nicht seine große Stärke zu sein. Wie es sich in den nächsten Tagen zeigt, war er bei der Jagd eher zögernd und unentschlossen. Entweder war der Hirsch, zu dem ihn sein Pirschführer führte, zu gering, oder er war zu stark, oder die Entfernung war angeblich zu groß, und er kam mit dem Schießen nicht zurecht. Es stellte sich dann heraus, daß er die Büchse stets nicht nur gesichert, sondern auch noch unterladen trug. Das Repetieren vor dem Schuß vertrugen die Hirsche natürlich nicht, auch wenn sie in der Brunft manchmal mit Taubheit und Blindheit geschlagen zu sein scheinen. Auf Drängen meines Freundes ging der ungarische Berufsjäger mit seinem Jagdgast schließlich nur mehr auf solide Kanzeln und wartete dort, daß ein Kandidat für die Erlegung in passender Entfernung vorbeiziehen würde. Das war schließlich auch der Fall, und der Mann aus dem Bayernland erlegte, allerdings erst nach unserer Abreise, den von ihm bestellten und seinen Erwartungen entsprechenden guten Hirsch mit mittlerem Geweihgewicht.

Der zweite Gastjäger, ebenfalls in Deutschland geboren, war schon aus etwas anderem Holz geschnitzt. Er hatte in jungen Jahren sein Glück in den USA versucht und es zum Spitzenmanager eines Unternehmens gebracht, das seine Kunden bei der Anlage von Geld in Immobilien berät. Sein Büro liegt in Manhattan, unweit jener Stelle, an der bis zum 11. September 2001 das Wahrzeichen der kapitalistischen Welt, das „World Trade Center", stand. Als man die „Twin Towers" durch den die ganze Welt erschütternden Flugzeugangriff zum Einsturz brachte, war der wackere Mann nicht in New York; gerade auf Reisen, die er auch der Jagd wegen häufig unternimmt.

Er konnte sich, trotz seines hektischen Lebens im „Auge des Taifuns", eine enge Beziehung zur Alten Welt erhalten und ist ein Freund des „Savoir vivre" geblieben. Er weiß, was gutes Essen bedeutet, kennt die besten Weine, nicht nur Frankreichs, und ist auch den Vorzügen kultivierter Weiblichkeit nicht abhold. Auf meine Frage, warum er denn nicht die großartige „Wilderness" des nordwestlichen Amerika, die Jagd in und um die Rocky Mountains, den schon sehr zivilisierten Jagdgefilden Europas vorziehe, meinte er, er wisse es zu schätzen, daß in den meisten Ländern Europas die Jagd immer schon Teil einer alten Kultur gewesen sei und er den mit dem Jagen verbundenen Traditionen besonderen Wert beilege. Da war er natürlich in Ungarn im richtigen Land, mit einer von allen Wirrnissen der jüngeren Vergangenheit kaum in Mitleidenschaft gezogenen, in die Zeit der österreichisch-ungarischen Monarchie zurückreichenden Jagdkultur.

Er wollte einen besonders starken Brunfthirsch erlegen, am liebsten den mit dem höchsten Geweihgewicht, der im Revier zu finden war. Da die Zahl der Gäste, die bei einem solchen Wunsch nicht nach dem Preis fragen, nicht allzu groß sein dürfte, wurde er vom Personal entsprechend umsorgt. Er war gut zu Fuß und ein sicherer Schütze, so daß bereits nach der dritten Pirsch ein recht ordentlicher alter Vierzehnender vor dem Jagdhaus lag. Es war zwar nicht der gesuchte Hochkapitale mit angeblich vierzehn Kilogramm Geweihgewicht, aber mit dem Alter von sicher mehr als zwei Dutzend Jahren und einem Geweihgewicht von 11,5 Kilogramm eine ansehnliche, reife Beute.

Der Schütze war zufrieden und betonte das auch immer wieder, als wir nach seinem morgendlichen Erfolg einen ganzen Vormittag lang dem „Olasz riezsling" zusprachen und sich mancher gute Gedanke, auch der an eine Wiederkehr, mit dem Rauch einer würzigen Havanna verband. Und das alles in einem sehr gemäßigten Ton, der nicht den geringsten Verdacht aufkommen ließ, daß dabei jemand seine Dollar wie Trümpfe im Kartenspiel auf den Tisch haut.

Das hätte man vom Dritten im Bunde dieser Gastjäger nicht so ohne weiteres sagen können. Seine Anwesenheit im Jagdhaus war nicht zu überhören, denn er redete laut und viel. Er kam aus Belgien und erzählte gleich nach seiner Ankunft jedem, ob er es nun hören wollte oder nicht, daß er von seinem Wohnort nächst Brüssel in wenigen Stunden ohne Unterbrechung bis nach Ungarn durchgefahren sei. Seine Erscheinung war nicht unsympathisch. Er war von kleinerer Statur, eher vollschlank, mit einem sehr ausgeprägten „embonpoint", wie die Franzosen den einen reifen Mann schmückenden Bauch nennen. Er behauptete, zur flämischen Volksgruppe zu gehören, sprach deutsch, aber mit einem deutlichen französischen Akzent. Er erzählte von den vielen „'irschen", die er schon erlegt, und von den vielen „'asen", die er schon geschossen hatte. Wobei nicht ganz klar wurde, ob er von der einen oder der anderen Wildart mehr zur Strecke gebracht hat.

Bemerkenswert waren die von ihm mitgebrachten Waffen. Eine der beiden Büchsen, die er uns zeigte, war ein recht bescheidenes, mit Plastikschaft versehenes Allwettergewehr, die andere dagegen eine prächtige Luxusbüchse mit schönem Schaft und einem Kipp-Block-Verschluß System Scheiring-Düsel. Die paar Male, die ich ihn beobachten konnte, nahm er zur Ausfahrt immer nur die Allwetterwaffe. Das Prunkstück schien einzig der Repräsentation zu dienen und kam natürlich aufs Bild, als er sich am dritten Tag mit einem von ihm erlegten Hirschen fotografieren lassen konnte. Dieser Hirsch scheint den Berufsjägern ziemlichen Kummer bereitet zu haben, denn sie ließen ihre Köpfe fast bis zum Boden hängen. Er unterschritt nämlich das in Ungarn streng kontrollierte Alterslimit für Erntehirsche um ein bis zwei Jahre. Er war höchstens im neunten, wahrscheinlich sogar erst im achten Jahr. Für einen solchen Fehlabschuß müssen das Revier und auch der begleitende Berufsjäger geradestehen, und es wird von den Jagdbehörden eine ziemlich saftige Pönale dafür eingehoben. Schießen konnte der gute Mann also, und zwar ziemlich schnell, wie der Pirschführer hinter vorgehaltener Hand erzählte.

Als der Belgier dahinterkam, daß ich ohne Waffe nach Ungarn gefahren war und nur schauen und hören wollte, war sein Interesse an meiner Person erloschen, denn jemand, der nicht von kilometerweiten Schüssen und von circa hundert in Ungarn erlegten kapitalen Hirschen reden konnte, war für ihn kein kongenialer Gesprächspartner und offenbar ziemlich uninteressant.

Für mich war diese herbstliche Reise ins Ungarland ein kleines Fest mit unterhaltsamen Darbietungen, nicht nur seitens der Hirsche, denen die Hauptrolle zufiel, sondern auch dank einer gemischten Schar von Zeitgenossen, die ernste, aber auch sehr kuriose Nebenrollen spielten.

Hart wie ein Dornbusch

„Jetzt hast du danebengeschossen!" Aus dem Mund des neben mir auf der Ladefläche eines geländegängigen Lastwagens stehenden „Boys" war das eine zwar zutreffende, aber etwas kuriose Bemerkung. Er war einer jener schwarzen Farmarbeiter, die seit mehreren Generationen auf vielen Farmen Südwestafrikas leben, schon von Kindesbeinen an auch die Sprache ihrer Brotgeber beherrschen und sich treffend, wie das Beispiel zeigt, auszudrücken vermögen. Der Fehlschuß hatte einem „Gemsbock", wie die deutschstämmigen Farmer Südwestafrikas die Oryxantilope nennen, gegolten. Die ersten Deutschen, die gegen Ende des 19. Jahrhunderts in dieses extrem trockene und infolge der Höhenlage für afrikanische Verhältnisse relativ kühle Land kamen, kannten unsere Gemsen wahrscheinlich nur vom Hörensagen, denn sonst hätten sie dieser hirschgroßen graufarbenen Antilope mit dem eindrucksvollen langen, an einen Säbel erinnernden Gehörn nicht diesen Namen gegeben.

Am Steuer des Autos saß bei dieser nicht ganz ungefährlichen „Kreuzfahrt" durch den Busch der Eigentümer der Farm selbst, Walter W. Er wich geschickt und gekonnt den schwer erkennbaren Löchern der afrikanischen Erdhörnchen aus, fuhr um die Termitenhügel herum und verstand es, so nah wie möglich an ein vom „Boy" gesichtetes Wild heranzukommen. Das unglaublich gute Sehvermögen dieser schwarzen „Pirschbegleiter“ hatte ich schon einige Tage vorher kennengelernt. Ich hatte auf einer anderen Farm die Chance bekommen, einen Springbock zu erlegen. Während ich mir große Mühe gab, mit dem Fernglas das im Grau, Grün und Gelb der Savanne kaum erkennbare Wild zu finden, hatte der Schwarze dieses mit freiem Auge schon längst entdeckt und die Beobachtung seinem „Baas“, wie der Chef dort auf „afrikaans“ genannt wird, mitgeteilt.

Nach dem ersten ins Leere gegangenen Schuß versuchte mein Gastgeber nun sein Bestes, und es gelang ihm tatsächlich, das flüchtige Wild wieder einzuholen und mir, als dieses über einen Hügel wechseln wollte, eine zweite Gelegenheit zum Schießen zu geben. Ich hielt etwas weiter vor als beim ersten Schuß. Schußzeichen war keines zu sehen, aber nach wenigen Metern verließ das beschossene Stück das kleine Rudel und verschwand seitwärts im Busch. Die vermutete Anschußstelle zeigte mir nichts Auffälliges, der „Boy“ dagegen erkannte an den Schalenabdrücken, daß der Bock getroffen war und wahrscheinlich irgendwo liegen würde. Für diesen Fall war vorgesorgt, denn im Führerhaus unseres Fahrzeugs zerrte schon ein Bullterrier, dessen zahlreiche Schmisse vom Windfang bis zur Rute auf manches Scharmützel mit wehrhaftem Wild schließen ließen, an der Leine. Nachdem er losgebunden war und der Schwarze ihn an eine lange, in eine metallene Kette auslaufende Schweißleine gelegt hatte, starteten wir, nicht ohne die Mahnung des Farmers, aufzupassen, denn schon mancher als verendet gegoltener Gemsbock wäre noch einmal hoch geworden und hätte seine Verfolger, Hund und Jäger, mit den scharfen Spießen übel zugerichtet.

Nun – so dramatisch wurde diese Nachsuche nicht, denn wir fanden das beschossene Wild schon verendet in einer sandigen Mulde liegend. Mein schwarzer Begleiter zog unverzüglich ein ziemlich verrostetes Messer aus der Hosentasche und schnitt dem verendeten Stück die Kehle durch. Dieses Schächten ist in den Tropen allgemein üblich, denn dadurch wird die Haltbarkeit des ausgebluteten Wildes verlängert und der Genuß des Wildbrets erst zuträglich. Heute gibt es auf den Jagdfarmen sicherlich gekühlte Wildkammern, damals hing man das Wildbret noch luftig in den Schatten eines Baumes und deckte es bestenfalls nur, um es etwas zu kühlen und die Fliegen fernzuhalten, mit feuchten Tüchern ab.

Meinen Gastgeber hatte ich erst kurze Zeit vor diesem jagdlichen Intermezzo kennengelernt. Der damalige Präsident der Organisation, der ich als leitender Angestellter zu dienen hatte, und ich waren nach Südafrika geflogen, um die Pretoria-Show, eine große landwirtschaftliche Veranstaltung zu besuchen und die Geschäftsbeziehungen zu den Farmern Süd- und Südwestafrikas zu vertiefen. Am Flugplatz in Johannesburg wurden wir von einer kleinen Delegation dieser Farmer begrüßt und danach drei Wochen lang durch das Land gefahren und herzlich umsorgt. Einer aus dem Empfangskomitee war ein „Afrikaander", wie sich die Nachkommen der vor fast vierhundert Jahren am Kap der Guten Hoffnung gelandeten Niederländer selbst nennen. Als er mich einige Jahre später in meinem Salzburger Heim besuchte, waren meine damals noch kleinen Kinder sehr erstaunt, an Stelle eines Afrikaners, der nach ihrer Meinung nur schwarz sein konnte, einen großen, kräftigen, rotgesichtigen weißen Mann zu sehen. Die beiden anderen, die uns damals am Flughafen mit ausgestreckten Armen entgegenkamen, waren Südwester, wie man die deutschsprechenden Farmer aus dem damals noch von Südafrika verwalteten Südwestafrika, heute Namibia, früher bezeichnete. Der ältere und kleinere der beiden hatte eine Ähnlichkeit mit Heinz Rühmann und auch dessen sympathische Ausstrahlung. Der andere wäre für jeden Film, in dem ein harter Kerl aus dem australischen Busch, aus dem amerikanischen Süden oder eben aus Afrika vorkommt, gut gewesen. Er war etwa Mitte fünfzig, mittelgroß, breitschultrig, mit kräftigen Händen und einem Gesicht, das zeigte, daß er sich viel im Freien aufhielt. Die Haut war gegerbt von Wind und Sonne, spannte sich über ein kräftiges Kinn und markante Backenknochen. Seine Augenfarbe war schwer zu erkennen, denn die Augen waren gewohnheitsmäßig zugekniffen, um vor der grellen Sonne geschützt zu sein, und auch ein breitkrempiger Hut trug dazu bei, den Walter W., so hieß der neue Bekannte, im Freien sicher nur selten vom Kopf nahm.

Walter W. war nicht nur dem Aussehen nach, sondern auch wenn er etwas sagte, der typische Nachkomme jener deutschen Kolonisten, die vor Generationen aufgebrochen waren, um ein Land zu besiedeln, das andere Kolonialmächte bis dahin links liegengelassen hatten. Es galt in hohem Maß als unfruchtbar und daher kaum kultivierbar. Nur weil diese Menschen wie der ihnen überall im Weg stehende Dornbusch wurden, hart, zäh und anspruchslos, konnten sie überleben und eine Form der Landnutzung entwickeln, die selbst Trockenperioden, die einige Jahre anhalten können, überdauert. Die Existenzgrundlage einer kleinen Zahl von Menschen auf großer Fläche ist eine sehr extensive Rinderhaltung, bei der nur wenige Rinder pro hundert Hektar zulässig sind, oder eine noch extensivere Schafhaltung, die in den schon wüstenähnlichen südlichen Teilen Namibias betrieben wird.

Nach dem offiziellen Teil des Besuchsprogramms – mit Kontakten zu Regierungsleuten, einem Treffen mit dem österreichischen Handelsdelegierten und dem Besuch der großen Rinderschau in Pretoria, bei der auch der Ministerpräsident begrüßt werden durfte (es war noch tief in der „Apartheid", und auf den Tribünen saßen ausschließlich Weiße) – schloß sich eine Rundreise an, die uns zuerst über Johannesburg nach Nordtransvaal führte. Dieses Land jenseits des Flusses Vaal galt und gilt auch heute noch als die konservativste aller Provinzen der heutigen Republik Südafrika, in der immer noch die Buren den Ton angeben. Dorthin zogen die Nachkommen der 1652 unter ihrem Anführer Jan van Riebeeck am Kap der Guten Hoffnung gelandeten Niederländer. Sie verließen ihre ursprünglichen Siedlungsgebiete und zogen nach Norden, um dem Druck der nach ihnen am Kap auftauchenden Briten auszuweichen, für die die Südspitze Afrikas ein strategisch wichtiger Punkt und vor der Erbauung des Suezkanals eine Zwischenstation auf ihrem Weg nach Indien war. Als die Buren dann in ihren neuen Siedlungsgebieten, in denen sie etwa gleichzeitig mit den von Norden kommenden Zulus eintrafen, einen unabhängigen Staat ausriefen, kam es zu bewaffneten Auseinandersetzungen mit den Briten, den in die Geschichte eingegangenen Burenkrieg (1899 bis 1902). In diesem Krieg griffen die britischen Truppen erstmals zu einem besonders hinterhältigen Mittel, um ihre Gegner in die Knie zu zwingen: Sie nahmen die auf den Farmen verbliebenen Frauen und Kinder der in der Armee kämpfenden Buren fest und sperrten sie in sogenannte „Concentration camps". Der deutsche Name für diese Erfindung sollte im darauffolgenden Jahrhundert noch ein Synonym für alle nur denkbaren Gemeinheiten werden.

Die Buren wurden von keiner Seite wirklich unterstützt, und niemand war imstande, den Briten bei der brutalen Festigung ihrer Macht im südlichen Afrika wirklich in den Arm zu fallen. Nicht die Niederlande, die längst ihre Stellung als große Handelsmacht verloren hatten, und auch nicht Deutschland, das sich damals anschickte, in der Weltpolitik mitzuspielen – was bekanntlich zu keinem guten Ende führte. Die markigen Worte aus dem Mund des deutschen Kaisers Wilhelm II. zur Aufmunterung der Buren und ihres Anführers Paul „Ohm" Krüger führten zu nichts außer zu einer Verärgerung seiner britischen Vettern. Denn schließlich war er ja selbst ein Enkel der Queen Victoria, deren Name für den Höhepunkt des britischen Imperialismus steht. Als Ohm Krüger schließlich in die Schweiz floh, waren alle glücklich, daß er nicht Deutschland als Zufluchtsland gewählt hatte. Die Sturheit, mit der die Buren lange Zeit die ihnen dann doch zugefallene weiße Vorherrschaft im südlichen Afrika verteidigten, mag ihre Wurzel in dieser geschichtlichen Erfahrung, daß Macht meist vor Gerechtigkeit kommt, haben.

Nach der der Besichtigung von Farmen in Transvaal genossen wir eine mir unvergeßliche Rundfahrt durch den Krüger-Nationalpark, sicherlich eines der großartigsten Wildreservate der Welt. Es war aufregend für mich, die mir bis dahin nur aus Filmen und Büchern bekannten großen Pflanzenfresser, Elefanten, Büffel, Zebras, Giraffen und Nilpferde, auf kurze Distanz vor mir zu haben und selbst fotografieren zu können. Dabei zog ich mir beim Fotografieren den Ruf eines ziemlich leichtsinnigen Menschen zu, denn ich stieg einmal aus dem für die Rundfahrt gecharterten Kleinbus, um ein paar Giraffen besser ins Bild zu bekommen. Die in der Tageshitze gerne im Schatten der Bäume herumlungernden Löwen ließen sich Gott sei Dank nicht sehen oder waren nicht in Jagdlaune, sonst wäre von mir vielleicht nur der Fotoapparat samt einigen schönen Bildern übriggeblieben.

Für den zweiten Teil unseres Programms flogen wir von Johannesburg nach Windhuk, Verwaltungszentrum der ehemaligen Kolonie Deutsch-Südwestafrika und heutige Hauptstadt von Namibia. Die Südwester, die schon erwähnten deutschsprachigen Bewohner des Landes, waren über die Ankündigung des damaligen UNO-Generalsekretärs Waldheim, Südwestafrika die Unabhängigkeit zu geben, gar nicht erbaut. Sie hegten die – wie sich bald herausstellte – vergebliche Hoffnung auf einen Fortbestand des „Apartheid"-Regimes in Pretoria und wollten lieber weiter in einem Protektorat Südafrikas als in einem unabhängigen Staat leben. Von den deutschsprachigen Farmern wurde die Rassentrennung jedoch nie so konsequent wie bei den afrikaanssprachigen Buren durchgeführt. Sie hatten sich nicht nur mit ihren schwarzen Farmarbeitern, sondern auch mit den Anführern der verschiedenen in Südwestafrika ansässigen Bantustämme weitgehend arrangiert. Die zahlenmäßig stärkste dieser ethnischen Gruppen sind bis heute die Ovambos, deren Stammesgebiet im Norden Namibias liegt und über die Grenze nach Angola hineinreicht. Wenn es so seinerzeit durch die Konkurrenz der Ethnien begründete Gewaltakte gab, dann beruhten sie meist auf weit zurückreichenden Feindschaften zwischen den schwarzen Stämmen. Noch heute glauben die zahlenmäßig hinter den Ovambos liegenden Hereros, einen Anspruch auf die Beherrschung des Landes zu haben. Vielleicht auch deshalb, weil sie sich seinerzeit im sogenannten Herero-Aufstand dem Eindringen deutscher Kolonisten entgegenstellten – mit Waffen übrigens, die ihnen und den ebenfalls aufständischen Hottentotten von britischen Händlern aus dem Kapland geliefert wurden.

Die zur Sicherung der Kolonie aus Deutschland entsandte Schutztruppe schlug die Aufstände rigoros nieder und „befriedete", wie bei allen Kolonialmächten üblich, damit das Land. Lange konnte sich Deutschland, wie bekannt, seiner Überseegebiete nicht erfreuen, denn nach der Niederlage der Mittelmächte im Ersten Weltkrieg wurde der geschlagene Gegner von den Siegern für unwürdig erklärt, Kolonien zu besitzen. Das wasserarme Land an der Südwestküste Afrikas hatte, nachdem dort noch vor dem Ersten Weltkrieg Diamanten in großer Zahl gefunden worden waren, auch einen besonderen Stellenwert im Pokerspiel der Großmächte bekommen. Mit Beginn des Zweiten Weltkrieges wurde ein Großteil der deutschen Farmer wieder in den schon bekannten „Concentration-Camps" gesammelt, wo sie sich mit den radikalen nationalistischen Anführern der Buren trafen. Die Nationalpartei der inzwischen „Afrikaander" genannten Buren erhielt schließlich einige Jahre nach dem Zweiten Weltkrieg die Mehrheit im weißen Parlament und vollzog auch den Austritt der Republik Südafrika aus dem von den Briten als Nachfolgeorganisation ihres Empires geschaffenen Commonwealth.

Solche und andere Ereignisse aus der jüngeren Geschichte des südlichen Afrika waren auch der Inhalt eines Gesprächs, das wir als Gäste eines deutschsprachigen Farmerehepaares auf der Terrasse ihrer Klipp-Farm führten. Die deutschen Einwanderer, meist aus Norddeutschland stammend, nannten die felsigen Erhebungen, die über die Hochfläche Südwestafrikas hinausragen, einfach Klippen und vereinfacht könnte man sagen, ein Klipp-Farmer ist ein Bergbauer in Südwestafrika. Wer jemals auf der Terrasse dieser Farmleute unter zwei schattenspendenden Palmen gesessen ist, wird diesen Platz nicht so rasch vergessen. Besonders eindrucksvoll ist der Einbruch der Nacht, der viel rascher vor sich geht, als wir es in nördlichen Breiten gewöhnt sind. Kaum ist die Sonne hinter den Horizont gefallen, stehen auch schon die Sterne funkelnd am Himmel, und im ausgedehnten Buschland unterhalb der Farm wird es laut und lebendig. Unzählige Stimmen vieler erst in der Nacht aktiv werdender Wildtiere sind zu hören. Vor allem die tagsüber kaum zu sehenden Paviane tragen ihre Streitereien lauthals aus.

Auch einem Freund, der einige Jahre nach unserem Aufenthalt mit den Gastgebern auf besagter Terrasse bei Kaffee und Kuchen saß, wird dieser Platz ewig in Erinnerung bleiben. Er bekam von seinem Gesprächspartner plötzlich einen heftigen Stoß, der ihn vom Stuhl fallen ließ. Daß so eine Grobheit der dortigen Lebensart entspricht, war unwahrscheinlich, denn auf den deutschen Farmen fühlt man sich noch wie zu Kaisers Zeiten und benimmt sich höflich und diszipliniert. Der Gastgeber war auch nicht in geistige Verwirrung verfallen, wie man auch annehmen hätte können, sondern war sehr geistesgegenwärtig. Über dem Kopf des ahnungslosen Gastes baumelte nämlich eine lange Schlange, die drauf und dran war, sich aus dem Palmenwipfel auf den Boden fallen zu lassen. Vielleicht wäre sie dabei auf dem Kopf des Besuchers gelandet und hätte sicherlich, auch wenn sie nicht zu den gefährlichen Giftschlangen zählte, einen argen Schock bei dem ahnungslosen Europäer ausgelöst.

Die Abendstunde auf der Terrasse von Otjihundu, wie die Farm heißt, war für mich weit weniger aufregend. Beim Reden kommen bekanntlich die Leute zusammen, und mein lebhaft bekundetes Interesse an der Tierwelt Südwestafrikas führte zur spontanen Einladung, mit dem Farmer am nächsten Morgen in das „Veld“ zu fahren und ein wenig nach den Springböcken Ausschau zu halten. Ich nahm die Einladung natürlich gerne an, und mußte mir vom Gastgeber dessen altmodischen Mauser-Repetierer ausleihen, denn eigentlich war ich auf das Jagen gar nicht eingestellt. Bei dieser meiner ersten afrikanischen Ausfahrt, bei der der Farmer im Führerhaus saß und ich gemeinsam mit einem „Boy“ auf der Ladefläche postiert wurde, fror ich zunächst einmal jämmerlich. Ich hatte gar nicht gewußt, wie kalt es in der Nacht in den höher gelegenen Savannen Afrikas werden kann, und war froh, von meiner fürsorglichen Frau mit einem Pullover im Reisegepäck versorgt worden zu sein. Es war ein phantastischer Morgen. Noch bewegte sich alles, was später in der Hitze des Tages im Schatten ruht. Perlhühner liefen in Scharen vor uns weg, und Strauße suchten mit ausgreifenden Schritten das Weite. Ein junger Kudu wurde meine erste Beute. Ein Küchenstück, das ich erlegte, als es gerade über die breite Sandpiste, die wir entlangfuhren, setzen wollte.

Als wir dann in steileres, steiniges Gelände kamen, war ich überrascht, einen Hasen, einen ganz gewöhnlichen Feldhasen, wie mir schien, zu entdekken. Zuerst dachte ich daran, daß irgendein Siedler sich den zweifelhaften Spaß geleistet hätte, Hasen aus Europa einzuführen, und vielleicht damit einen ähnlich negativen Effekt riskierte wie bei der Einfuhr von Kaninchen nach Australien. Durch einschlägige Bücher klug gemacht, weiß ich aber inzwischen, daß es den sogenannten Kaphasen gibt, eine Unterart des „Lepus timidus", unseres bekannten Feldhasen. Einen ähnlichen Überraschungseffekt erzielte bei mir wenige Tage später der Anblick von Bläßhühnern, die ich an der Atlantikküste, unweit einer riesigen Kolonie von „vornehmen" Flamingos, sehr „proletarisch" im trüben Brackwasser herumtümpeln sah. Offenbar gibt es im Tierreich eine Reihe von Arten, die sich fast überall auf dieser Welt wohl fühlen und sich in den unterschiedlichsten Biotopen zurechtfinden.

Bei der zweiten Ausfahrt am Nachmittag dieses Tages schoß ich mit der etwas vertrackten Waffe, auf der ein lichtschwaches Fernglas mit vierfacher Vergrößerung montiert war, noch einen Springbock auf eine Distanz von gut 300 Metern. Damals gab es in Südwestafrika noch keine kommerzielle Jagd, und es war nicht nur die Einfuhr von Waffen, sondern auch die Versorgung mit Munition sehr schwierig. Die Patronen Kal. 7 x 57, die mir mein Gastgeber abgezählt zur Verfügung stellte, kamen auf irgendwelchen dunklen Kanälen aus Angola, das zu dieser Zeit noch portugiesische Kolonie war. Ich war daher stolz darauf, mit den Patronen sparsam umgegangen zu sein, und wurde vom Gastgeber ob meiner Treffsicherheit auch gelobt. Von meiner langjährigen Praxis als Jäger im heimatlichen Gebirge und den dort notwendigen weiten Schüssen konnte er natürlich nichts wissen.

Auf der Fahrt Richtung Swakopmund lag am Straßenrand eine ziemlich lange, schon verendete, fast schwarze Schlange, von der unser Gastgeber behauptete, es sei eine schwarze Mamba. Bei dieser Gelegenheit erwähnte ich, daß meine Frau mir vor der Abreise noch eingeredet hatte, leichte, hohe, lederne Schnürstiefel zu kaufen, da ich mich damit am besten vor Schlangenbissen schützen könne. Unser Begleiter lachte schallend und erklärte mir, daß Schlangen selten in den Knöchel, sondern schon eher in Kniehöhe in das Bein beißen. Ganz umsonst war die Investition jedoch trotzdem nicht, denn noch heute laufe ich im Sommer gelegentlich mit diesen Schuhen herum und schätze ihre glatte, weiche Sohle beim Pirschen.

Die Kunde, daß ein (damals noch) junger Österreicher unterwegs ist, der ganz gut (und vielleicht auch gerne) schießt, verbreitete sich scheinbar rasch und führte dazu, daß mir auch auf der nächsten Farm, wo ein Aufenthalt von zwei Tagen geplant war, eine spontane Einladung zum Jagen zuteil wurde. Das war auf der Farm von Walter W., die heute mit großem Erfolg auch als Jagdfarm betrieben wird.

Die Jagd wurde mittlerweile, mein Aufenthalt in Namibia liegt schon dreißig Jahre zurück, zum zweiten wirtschaftlichen Standbein auf vielen Farmen. Ich bin mit Walter W. viele Jahre in freundschaftlicher Verbindung geblieben. In ausführlichen Briefen und bei einem persönlichen Besuch kam immer wieder die Sorge um die Zukunft der Weißen in Südwestafrika durch. Der heutige Präsident des Staates Namibia gilt zwar als geschickter Mann, mit dem sich auch die weißen Bewohner des Landes arrangieren konnten. Er gilt aber auch als persönlicher Freund des nun schon seit Jahren gegen die eigenen Leute, besonders aber gegen die wenigen noch im Lande befindlichen Weißen wütenden Oberhäuptlings von Simbabwe Mugabe. Und so fürchten viele, das schlechte Beispiel dieses von der zivilisierten Welt zwar schon vor Jahren geächteten, aber immer noch ganz gut im Sattel sitzenden Autokraten könnte auch in Namibia Schule machen.

Der wiederholt ausgesprochenen Einladung, noch einmal nach Südwest zu kommen, die alten Bekannten zu besuchen und auch dort zu jagen, kam ich so lange nicht nach, bis es dann zu spät war. Walter W., der Mann hart wie ein Dornbusch und zäh wie Leder, wurde in seinem Wagen in Windhuk von einem Regierungsfahrzeug gerammt und dabei getötet. Die Herren in der Staatskarosse waren mit hoher Geschwindigkeit durch die Stadt gefahren und hatten dabei jeden Vorrang mißachtet. Das Mißtrauen, das Walter W. den neuen Machthabern gegenüber hegte, und das Gefühl, in einer Existenz auf Abruf zu leben, fanden durch dieses Unglück eine besonders tragische Bestätigung.

„Der Hubschrauber steht mit vollem Tank im Hof und kann jederzeit mit meiner Familie und mir abheben, wenn das Schlamassel hier losgeht," so der Ausspruch eines anderen Südwesters, der die Stimmung vieler weißer Farmer ausdrückt. Eine Wiederholung der Ereignisse von Simbabwe wäre eine Tragödie für das ganze Land. Denn die Tatsache, daß es heute dort eine einigermaßen nachhaltige Landbewirtschaftung gibt, daß die in den Tiefen liegenden Wasserreserven sorgsam genutzt und nicht verschleudert werden, daß es Wildbestände gibt, deren

Bejagung für viele Zahlungskräftige attraktiv geblieben sind, ist nicht das Werk umherziehender Nomaden, sondern auf die Tüchtigkeit und den Fleiß der weißen Einwanderer und des seit Jahrzehnten mit ihnen in friedlicher Symbiose lebenden schwarzen Bevölkerungsteils zurückzuführen.

Alte Böcke

„Jünger werden wir nicht mehr", meinte sarkastisch mein Zahnarzt und stocherte mit seinen unangenehmen, spitzen Instrumenten in meinen Zähnen herum. Natürlich ärgerte mich diese Bemerkung. Sie fiel ja auch in eine Zeit, in der ich mich ganz allgemein noch recht jung fühlte. Aber es gibt – sogar auf dieser Erde – eine ausgleichende Gerechtigkeit! Ich beiße auf meinen großteils immer noch naturgewachsenen Zähnen recht gut. Der spottlustige Brükkenbauer, der schließlich aus dem Zustand meiner und anderer Leute Zähne seinen Nutzen zieht, zählt jetzt auch schon zu den grauen Wölfen.

Trost fand ich außerdem bei Herzog Albrecht von Bayern, der mit seiner aufsehenerregenden Studie „Über Rehe in einem steirischen Gebirgsrevier" die bis dahin von allen Experten für eisern gehaltene Regel: „Der Grad der Abnutzung der Zähne eines Rehbocks steht in direktem Zusammenhang mit seinem Alter" gründlich ins Wanken brachte. Was für einen Rehbock gilt, könnte schließlich auch für unsereinen gelten! Bekanntlich entspricht das an Jahren oder an sonstigen Parametern gemessene Alter nicht immer auch dem sogenannten biologischen, denn heutzutage ist es ganz gut möglich, sich jünger zu fühlen, als man dem Geburtsschein nach tatsächlich ist. Und schließlich ist Alter ja wohl keine Schande. Oder?

Bei Rehen, jedenfalls bei den Böcken, ist es sogar ein leider viel zu seltener Vorzug. Wie alt werden eigentlich Rehe? Auf diese Frage gibt weder die Wissenschaft noch die jagdliche Praxis wirklich hieb- und stichfeste Antworten. Erlegte Rehe, an denen eine konkrete Altersbestimmung, etwa durch einen Zahnschliff, möglich ist, waren wohl in ihrer Mehrzahl noch nicht an ihrer natürlichen Altersgrenze. Auch Stücke, die markiert wurden, sterben selten an Altersschwäche, und wenn, dann werden sie wohl kaum gefunden. Auch das Alter, das Rehe in Gefangenschaft erreichen, ist kaum ein Maßstab für ihre natürliche Lebensdauer. Ein Freund, Biologe von Rang, antwortete auf meine Frage: „Wie alt kann ein Reh wirklich werden?" folgendermaßen: „Das kommt darauf an..." Das heißt: Er wußte es auch nicht genau.

Auch die herzöglichen Angaben über das Alter von Rehböcken beruhen zwar auf einer genauen Identifikation der über Jahre beobachteten, aber dann doch allesamt erlegten Rehe. Beim guten, alten Raesfeld steht zu lesen: Rehe werden zwischen zehn und zwölf Jahre alt. Weitere Quellen will ich gar nicht erst studieren, denn: Wirklich sicher ist wohl nur das Alter der erlegten einjährigen Stücke, da bei diesen das Gebiß nicht lügen kann. Dann folgt bekanntlich ein Zeitraum von drei bis vier Jahren, in dem die Anhaltspunkte für eine Altersschätzung am erlegten Stück sehr wackelig sind. Aber gerade deswegen wird ganz gerne auf diese Methode zurückgegriffen, um ein fiktives Alter festzustellen, das den jeweiligen Hegevorschriften und Abschußrichtlinien entspricht.

Als das für die Klasse I bei uns geforderte Alter der Rehböcke noch bei vier Jahren lag, fanden sich bei Hegeschauen an die 90 % über vierjährige Bökke. Nur 10 % traf der Bannstrahl der Bewertungskommission, die ihr Urteil dann durch den seinerzeit bekannten roten Punkt zum Ausdruck brachte. Schon ein Jahr nach der Erhöhung der geforderten Altersgrenze für Böcke der Klasse I auf fünf Jahre war der Prozentsatz der ordnungsgemäß erlegten Stücke wieder gleich hoch. Ein Wunder, das die Natur nicht allein bewerkstelligt haben konnte, denn so ein großer Vorrat an alten Böcken kann in den Jagdrevieren nicht vorhanden gewesen sein.

Rehe, die die zweite Hälfte des ihnen von der Natur vermutlich durchschnittlich vorgegebenen Lebensjahrzehnts erreichen, gelten bei uns Jägern als reif und alt. Ganz rar und für mich deswegen auch besonders bemerkenswert sind Stücke, die mit einiger Sicherheit als uralt eingestuft werden, das heißt mehr als ein Jahrzehnt ihre Decke durch die Fährnisse der Jagd und der Natur retten konnten. Trotz meines fleißigen, nun schon vier Jahrzehnte währenden Jagens ist mir ein solches Stück nur drei oder vier Mal vor die Büchse gezogen. Rekordhalter war dabei für mich ein Rehbock, von dem ich leider kein Geweih besitze, denn er wurde von mir, entgegen allen Regeln, im Hochwinter in der Nähe einer Fütterung erlegt.

Ich war unterwegs zur Kontrolle einer im hohen Holz gelegenen Futterstelle. Der in der Nacht zuvor gefallene Schnee ließ ein geräuschloses Pirschen zu und verbesserte auch die Sicht. Als ich noch fünfzig Meter von der Fütterung entfernt war, sah ich ein Reh an der Raufe stehen. Zwei Tatsachen waren auch ohne näheres Hinsehen auffällig: Erstens die Tageszeit, es mag früher Vormittag gewesen sein, und zweitens der Umstand, daß sich dieses Stück mit dem Heu und nicht, wie bei den verwöhnten Rehen unserer Tage üblich, mit dem vorgelegten Kraftfutter beschäftigte. An einen Baum gelehnt, glaste ich einmal die nähere Umgebung ab, um festzustellen, ob sich nicht auch andere Rehe zur ungewöhnlichen Zeit ein zweites Frühstück leisteten. Das war nicht der Fall.

Nachdem ich das einzeln stehende Stück eine kurze Weile beobachtet hatte, fiel mir ein Wanken auf, ganz so, als wäre es betrunken. Von betrunkenen Rehen hatte ich allerdings noch nie etwas gehört, auch wenn bei dem zum Kraftfutter dazugemischten Obsttrester eine leichte alkoholische Gärung denkbar wäre. Nur wäre es bei einem Wiederkäuer höchst unwahrscheinlich, daß dies auch zu einem Rausch führt. Dieses Reh wankte und schwankte jedenfalls auf seinen abgespreizten Läufen nicht nur so, als wäre es betrunken, sondern auch ähnlich einem frisch gesetzten Kitz. Da konnte also etwas nicht stimmen! Als der Bock, als solchen hatte ich ihn an dem deutlich erkennbaren Pinsel angesprochen, breit stand, bot er mir dazu noch das jämmerliche Bild einer bis auf die Knochen abgemagerten Kreatur.

Ich zögerte nicht lange und schoß mit der zum Glück mitgeführten Schonzeitbüchse. Was dann vor mir lag, hätte auf den ersten Blick auch als total abgekommener Jährling gelten können: Dünner Träger, lange Läufe, schmales Haupt. Aber da waren auch noch dieses eingefallene, „bleiche“, richtig alte Gesicht und die insgesamt fast undefinierbare Farbe der Winterdecke. Es war alles fahl und farblos, mit einem Wort – bleich.

Das Geweih schien er vor einer Weile verloren zu haben, und was auf dem Haupt zu sehen war, waren

nur braune, ledrige Wülste. Ein Blick in den Äser verstärkte den Eindruck, es mit einem Greis unter den Rehböcken zu tun zu haben. Von den Schneidezähnen war nichts mehr vorhanden. Die Molaren waren zu spiegelglatten, bis zum Zahnfleisch heruntergeschliffenen Zahnresten geworden. Dieses Reh war wirklich uralt! Die Aufnahme des trockenen Kraftfutters mag dem Methusalem schwergefallen sein. Es waren sicher nur mehr die zarten Blättchen aus der Heuraufe, die noch in seinen Weidsack gelangten. Dieser war übrigens ziemlich leer, trocken und ebenfalls ledrig wie ein alter Tabakbeutel.

An eine Verwertung des Wildbrets war nicht mehr zu denken. Der Bauer, dem ich die armseligen Reste eines langen Rehlebens als Hundefutter anbot, lehnte dankend ab. Er lieh mir eine Schaufel, um das Problem zu lösen. Den Unterkiefer behielt ich natürlich als Beweis und Beleg, daß Rehe in Ausnahmefällen wirklich sehr alt, vermutlich mehr als eineinhalb Jahrzehnte alt, werden können und in einem solchen Fall auch das Zahnbild nicht mehr lügen kann.

Daß mit Fortschreiten des Alters bei manchen Menschen ein Zug zur Boshaftigkeit zutage tritt, weiß sicher so mancher aus leidvoller persönlicher Erfahrung. An uns selbst machen wir diese Erfahrung natürlich nie. Denn jeder ist ja nach eigener Überzeugung die Güte selbst. Aber streitbare Schwiegermütter, bösartige Nachbarn, ja sogar die von sanften Kätzchen zu grimmigen Pantherinnen gewordenen Gefährtinnen sind nicht nur fiktive Figuren boshafter Geschichten, sondern kommen leider auch im realen Leben oft genug vor. Ob nun auch bei Wildtieren die Aggressivität im Laufe der Jahre zunimmt, wäre vielleicht auch eine Frage, die die Wissenschaft bisher kaum untersucht hat und daher nicht beantworten kann. Nach meinen Erfahrungen gibt es so etwas wie Altersbosheit auch bei Rehböcken.

Ich war in einem von Wiesen und Ackerflächen geprägten, aber auch von Waldinseln und verwachsenen Gräben unterbrochenen Revier auf einen sommerlichen Bock eingeladen. Der Revierinhaber schien nicht allzuviel Übersicht über den Rehbestand zu haben, denn genauere Hinweise und Auskünfte, wie und wo ein solcher Bock zu finden wäre, erhielt ich nicht. Er sagte einfach, wir könnten uns dort oder da ansetzen, vielleicht würden wir einen passenden Bock sehen. Mein Gastgeber entschied sich schließlich für einen von ihm selten besuchten Bodensitz am Rand einer Schottergrube. Das war kein besonders idyllischer Platz, und mit kurzer Hose wäre er nicht erreichbar gewesen, denn der Weg dorthin war bauchhoch von Brennesseln überwuchert. Aber vielleicht war das gerade der richtige Einstand für einen Rehbock, denn am Fuß des durch den Schotterabbau aufgeworfenen, zur Wildnis gewordenen Dammes erstreckten sich schmale Wiesenstreifen und sogar ein noch mit Hafer bestandener Acker. In etwa 500 Meter Entfernung lag auch der Obstgarten eines allein in der Flur stehenden Bauernhofes.

Obwohl Blattzeit war, schienen es die Rehe nicht besonders eilig zu haben. Auch meine Blattmusik brachte keinen der gegen Mitte August hin oft schon etwas müde werdenden Rehböcke auf die Läufe. Erst spät, als sich die Dämmerung schon sanft über das Land legte, zog ein Pärchen vom Haferfeld in den Obstgarten. Es war zu dunkel, um noch genau anzusprechen, und auch zu weit, um überhaupt einen Schuß riskieren zu können.

Das nächste Rendezvous wurde für den folgenden Tag angesetzt. Bereits am frühen Morgen dieses Tages erreichte mich der Telefonanruf meines Gastgebers mit der Mitteilung: „Stell dir vor, der Bock hat heute nacht die Geiß umgebracht!" Was war geschehen? Der Bauer war am frühen Morgen in den Obstgarten gegangen, um Grünfutter für seine Kühe zu mähen. Da lag die verendete, noch körperwarme Geiß vor ihm. Sie war, wie ich dann mit eigenem Auge feststellen konnte, an einigen Forkelstichen, die tief ins Gescheide eingedrungen waren, verendet. Mein Bekannter und ich waren uns einig: Diesem brutalen Burschen sollte nun unsere Jagd gelten. Das war zwar eine sehr menschliche Reaktion, denn Tieren ist der biblische Grundsatz „Auge um Auge, Zahn um Zahn" sicher nicht geläufig. Mir verschaffte der Vorfall die moralische Rechtfertigung: Der Rehbock, der seine Geißen umbringt, gehört nicht in die Wildbahn! Aus, basta!

Die Gelegenheit, diesen Plan zu vollziehen, kam dann auch ziemlich schnell. Wir saßen noch nicht allzu lange im besagten Bodensitz, da wollte der Bock unter uns aus dem Hafer in den Brennesseldschungel einwechseln. Ein schneller Schuß warf ihn ins Gras. Was hatte ich erbeutet? Ein Reh, nicht allzu stark im Wildbret, aber auch nicht abgekommen. Das Haupt von eisgrauer Farbe bis hinter die Lauscher, die mäßig hohen Spieße blank poliert und hell, als wären sie aus Elfenbein, Die Rosenstöcke waren dick und auf der Schädeldecke weit auseinandergeschoben. Rosen gab es keine mehr. Die Übergänge von den Stangen zu diesen Rosenstöcken waren konturlos wie bei manchen Jährlingsgeweihen. Die Zähne waren sicher auf die Hälfte ihrer ursprünglichen Länge abgeschliffen. Ein Rehbock, der es verstanden hatte, sich viele Jahre den Nachstellungen der Jägerei zu entziehen. Vielleicht wurde er auch immer als ein Zweijähriger angesehen und mit Absicht geschont. Jedenfalls mußte er länger als ein Jahrzehnt ungeschoren geblieben sein.

Sein Verhalten deutete ganz darauf hin, daß es auch unter Wildtieren so etwas wie eine altersbedingte Aggression gibt. Oder war es nur die Ungeduld, die diesen Bock, wahrscheinlich der zweitälteste aller von mir erlegten Rehböcke, dazu bewogen hatte, auf besonders grobe Art die vielleicht zögernde Geiß zu bedrängen? Sicher wäre es ein Fehler, tierisches Verhalten mit menschlichen Maßstäben zu messen. Kann ein Rehbock überhaupt ungeduldig sein? Das soll meinetwegen die seit Konrad Lorenz allenthalben in Mode gekommene Verhaltensforschung beantworten, deren populärwissenschaftliche Leuchten alles zu wissen glauben, auch über die Jagd. Ich weiß nur, daß bei uns männlichen Zweibeinern die Ungeduld Sache der Jugend ist. Das Alter dagegen sollte sich durch Geduld und Sanftmut auszeichnen. Oder?

Bei Donner, Blitz und Sturm

In einem der vergangenen Sommer saß ich mit meiner Frau, gemütlich Kaffee trinkend, auf dem Balkon unseres in einem reichlich bewaldeten Tal liegenden Hauses. Gewohnheitsmäßig beschäftigten sich dabei meine Augen nicht nur mit meiner Gesprächspartnerin, die ich nach langjähriger Ehe schon recht gut zu kennen glaubte, sondern auch mit dem gegenüberliegenden Hang. In den Lücken des sich im Frühsommer dem Auge im sattesten Grün darbietenden Mischwaldes könnte auch tagsüber ein roter Fleck auftauchen, der sich bei näherem Hinschauen dann als Reh oder gar als ein Stück Rotwild entpuppt. Der Wind war etwas rauh, bei sonst sonnigem Wetter, und wie sich an der Bewegung der Baumkronen auf der nach Nordwesten gerichteten, vis-à-vis liegenden Bergseite zeigte, ziemlich böig. Jählings wurde unser gemütlich dahinplätscherndes Gespräch durch ein lautes Krachen unterbrochen. Kaum hatten wir erschrocken die Ursache dafür erkannt, eine massige Buche war plötzlich zu Boden gestürzt, da gab es auch schon den zweiten „Tuscher", bis schließlich in Minutenabständen zirka zwanzig mächtige Buchen umfielen und mit aufgestellten Wurzeltellern am Boden lagen.

So, als wären sie einem geheimen Kommando gefolgt! Der Wind hatte in kürzester Zeit eine 50 Meter breite und 200 Meter lange Schneise durch den Altbestand gerissen, als handle es sich bei den Buchen um Strohhalme und nicht um langschäftige, kerzengerade, gesunde Laubbäume. Die Frage, ob die im Jahr vorher durchgeführte, waldbaulich durchaus gebotene Entnahme der Fichten und Tannen aus diesem Bestand mit eine Ursache des Geschehens war oder dieser einfach an seinem biologischen Ende angelangt war, sei dahingestellt. Forstmeister Sturm wollte jedenfalls die bald geplante Schlägerung nicht abwarten, so wie er in jenem Jahr in ganz Mitteleuropa auf vielen Tausenden Hektar gewütet hat.

Ob Schalenwild bei solchen, zum Teil sehr großflächigen Windwürfen zu Schaden kommt, kann ich aus eigener Erfahrung nicht beantworten. Doch darf es als sicher angenommen werden, daß dies geschieht, wenn auch Berichte über getötetes Wild sehr selten sind. Wahrscheinlich deshalb, weil eine erschlagene Rehgeiß wohl selten gefunden wird, besser gesagt bis zur Aufarbeitung der Bäume längst im biologischen Kreislauf verschwunden ist. Sauen und Füchse leisten dabei bestimmt ganze Arbeit, und bis zur Beseitigung des Schadholzes vergehen oft Monate, wenn nicht Jahre.

Wild reagiert nach meiner Erfahrung auf das Wüten elementarer Kräfte ganz unterschiedlich. Gemsen, das konnte ich selbst beobachten, versuchen sich einem drohenden Lawinenabgang dadurch zu entziehen, indem sie sich auf die sturmumtosten Grate und Höhen umstellen und diese den von Lawinen bedrohten Steilhängen und Wänden nach Möglichkeit vorziehen. Oder sie wechseln in den Wald, was auch nicht immer hilft, denn der Lawinentod erfaßt immer ein paar Prozent des Bestandes. Interessant ist auch das Verhalten von Wild bei heftigen Gewittern. Rehwild, über Erfahrungen mit Rotwild in solchen Situationen verfüge ich nicht, reagiert manchmal oft geradezu kopflos, ein andermal aber wieder gelassen und scheinbar unbeeindruckt von Blitz und Donner.

Vor vielen Jahren wurde ich auf einer Kanzel, die am Rande einer von drei Seiten vom Wald begrenzten Wiese stand, von einem heftigen Gewitter überrascht, denn ich hatte das Tempo des heranziehenden Unwetters unterschätzt und mit dem Abmarsch zu lange gezögert. Ähnlich überrascht schien auch ein auf der Wiese stehender Sprung Rehe zu sein. Es war eine Geiß mit zwei Kitzen und ein Jährling. Während die ersten, nahen Donnerschläge das Wild noch kaum zu beunruhigen schienen und es beim Äsen nach Gewohnheit der Rehe nur gelegentlich die Häupter hob, um zu sichern, versetzten die in der zunehmenden Dunkelheit immer greller werdenden Blitze das Wild plötzlich in Panik. Zuerst sprangen die Kitze ab, dann in die Gegenrichtung Geiß und Schmalgeiß, um Sekunden später wieder auf der Wiese zu erscheinen und mit tiefem Haupt scheinbar ziellos kreuz und quer und in weiten Bögen über die Wiese zu flüchten. Im Wald tobte der Sturm und im Freien fuhr Blitz auf Blitz hernieder. Es war auch für mich eine höchst ungemütliche Situation und ich war mir der Gefahr bewußt, kannte ich doch Bilder von Kanzeln, die der Blitz zu Kleinholz geschlagen hatte. Außerdem saß ich unter dem Schirm einer mächtigen Eiche, die man laut einer mir schon als Kind eingetrichterten Weisheit meiden soll. „Eichen sollst du weichen“, heißt es ja, „Buchen dagegen sollst du suchen!" Ob im Ernstfall eine Buche bei einem in kurzer Distanz einschlagenden Blitz den Rehen und mir mehr geholfen hätte, möchte ich bezweifeln. Zwischen dem Wild und mir bestand jedenfalls in diesen dramatischen Minuten, die mir wie eine Stunde schienen, eine Schicksalsgemeinschaft, die es mir verbot, zur Büchse zu greifen und den Jährling zu erlegen.

Später, viele Jahre später, mißachtete ich allerdings die angesichts des Tobens der Elemente gebotene Solidarität zwischen den Lebewesen und schoß sogar mehrmals während eines Gewitters einen Rehbock. In diesen Fällen verhielt sich das Wild jedoch ganz anders und schien durch die Gewitter in keiner Weise beeindruckt. So saß ich vor nicht allzulanger Zeit im Waldrevier in einem Bodensitz, der mir Einblick in eine ziemlich verstaudete, mehrere Hektar große, sich steil den Berg hinaufziehende Schlagfläche gestattete. Ich wußte dort einen alten Bock, den ich schon im frühen Sommer gefunden und bestätigt hatte. Freiwillig hatte ich mir einen Gast aufgehalst, einen Mann von hohem Rang im öffentlichen Leben, persönlich sehr nett, aber mit einem sehr knappen Zeitbudget ausgestattet. Es sollte alles möglichst schnell gehen, am liebsten wäre es ihm gewesen, schon beim ersten Ansitz Erfolg zu haben, was in einem unübersichtlichen Waldrevier jedoch selten möglich ist. Nun, ich tat mein Bestes, konnte aber auch kein Wunder wirken. Beim ersten gemeinsamen Ansitz zogen Bock und Geiß, wie bestellt, aus den Stauden in das gegenüberliegende Altholz. Kaum war ich mir sicher, den richtigen vor uns zu haben, legte sich ein Nebelfetzen über den Schlag, und als der Wind ihn wieder verblies, waren beide Stücke schon im dämmrigen Holz und an ein Schießen nicht mehr zu denken.

Das nächste Rendezvous fiel dann schon in die Sprengzeit. Tags zuvor hatte ich von der Hütte aus den Bock am Gegenhang gesehen, wie er gerade mit großer Leidenschaft eine Geiß trieb, und ich glaubte deshalb, ihn am nächsten Tag als billige Beute für meinen Gast zu bekommen. Früh am Abend saßen wir, mein Promi und ich, wieder im Bodensitz, warteten eine Weile, bis ich dann zu blatten anfing. Zuerst leise lockend, dann verlangend laut, wie es eben so Sitte ist an einem vielversprechenden Abend Anfang August. Nichts rührte sich, rein gar nichts! Vielleicht war das Pärchen schon müde geworden vom heftigen Treiben und lag irgendwo im kühlen Schatten. Nun ist mein Gast sicher mit allerlei Fähigkeiten begabt, aber Geduld scheint nicht die ausgeprägteste seiner Eigenschaften zu sein. Wahrscheinlich strapaziert er seinen verlängerten Rücken viel zu oft bei endlosen Besprechungen und Verhandlungen. Deshalb verlangt es ihn, was ich verstehe, bei der Jagd nach etwas mehr Abwechslung. Ich ließ mich von seiner spürbaren Unruhe anstekken, entschloß mich aufzubrechen und den Platz zu wechseln. Schließlich mußte es im Revier ja noch mehr als diesen einen Rehbock geben. Kaum waren wir jedoch aufgestanden, da bekamen wir die Bestätigung der alten Jägerweisheit demonstriert: „Ersessen wurden schon viele Böcke, errannt hingegen noch selten einer!“

Jedenfalls war der übereilte Aufbruch mein Fehler und nicht der meines Gastes, der wahrscheinlich noch nie erfahren hatte, daß ein älterer Bock sich oft erheblich Zeit läßt, um den Platz zu erkunden, von dem die vorgetäuschten Sirenengesänge einer Geiß gekommen waren.

Die Blattzeit ging ihrem Ende zu, der Gast hatte keinen Termin mehr frei und ich mußte selbst handeln, um dem vorgeschriebenen Mindestabschuß Genüge zu tun. Am 15. August, dem „Großfrauentag“ der Katholiken, war ich wieder an Ort und Stelle und harrte diesmal mit dem Vorsatz, den Sitz erst in der Dunkelheit zu verlassen, der Dinge, die da vielleicht kommen könnten. Was ganz unvermittelt kam, war wieder ein Gewitter, das sich zuerst hinter dem Berg, an dessen Flanke ich saß, zusammenzog, um dann rasch näher zu kommen. Ich hielt das nicht für besonders schlimm, denn Gewitter sind in unserer Gegend um diese Zeit normal, entladen sich über den Bergspitzen und verlieren dabei schnell ihre Gewalt. Herannahende Unwetter, das ist bekannt, bringen oft auch das Rehwild auf die Läufe. Ich wollte meine Chance schon deshalb nicht verlieren und begann trotz der drohenden Donnerschläge auch noch zu blatten. Möglicherweise hatte der Bock unser letztes Zusammentreffen, das schon einige Tage zurücklag, bereits wieder vergessen, denn ganz plötzlich stand er, wie aus dem Boden gewachsen, mit seiner Geiß circa 200 Meter entfernt am oberen Rand der Schlagfläche. Ich war mir sicher, den richtigen vor mir zu haben, zögerte kurz etwas ob der großen Distanz und schoß dann doch sehr schnell. Daß ein aus dem Bodensitz ragendes, noch dazu nach oben gerichtetes Eisenrohr bei einem herannahenden Gewitter nicht gerade für die Vernunft eines Jägers spricht, bestreite ich dabei nicht. Aber es gibt eben Situationen bei der Jagd, wo die Vernunft vom Drang des Beutemachens ziemlich in den Hintergrund gedrängt wird.

Den Rehen schien das Grollen des Donners und das Aufleuchten der Blitze nicht sehr viel auszumachen, und selbst mein Schuß, der danebenging, wurde von ihnen nicht registriert. Nervös nachgeladen, noch einmal geschossen und wieder daneben! Ungerührt blieben beide, Bock und Geiß, an Ort und Stelle. Erst der dritte Schuß saß dann, wo er eigentlich sitzen sollte: Im Leben! „Berg auf – Berg unter, halt immer drunter!“ Wahrscheinlich hatte ich diese Regel erst beim dritten Schuß beherzigt. Der Bock rutschte jedenfalls bergab, entschwand in einer Mulde meinen Blicken, und die Geiß zog langsam, keineswegs beunruhigt, in das Hochholz.

Inzwischen hatte heftiger Regen eingesetzt, und es wäre sicher ratsam gewesen, deshalb im gedeckten Bodensitz zu bleiben. Das schwächer werdende Licht zwang mich jedoch zu einer Handlung, die man ruhig Selbstschädigung nennen kann. Ich mußte weg von dem schützenden Dach und den steilen Berg hinauf. Der Boden war glatt und rutschig, der Regen fiel in einer Dichte, als ginge es darum, meine Kleidung auf Wasserfestigkeit zu testen. Der verendete Rehbock mußte irgendwo in den Stauden liegen, und ich hatte Mühe, ihn zu finden. Meine brave Labradorhündin war im Auto geblieben. Vielleicht hätte sie auch mehr Angst vor dem Gewitter gehabt als ich. Ich mußte also selbst Schweißhund spielen, was in dem Wirrwarr von Haselnuß-, Himbeer- und sonstigen Stauden nicht sehr lustig war. Nach einigem Hin und Her fand ich den Bock dann doch, zog ihn zu Tal, wobei ich einige Male mit dem nassen Boden in Berührung kam, und stand schließlich durchnäßt bis auf die Haut nach einer Stunde an der Forststraße. Das Toben der Elemente hatte ich kaum mehr wahrgenommen und war froh, heil nach Hause gekommen zu sein. Erst am nächsten Tag entdeckte ich den vom Blitz getroffenen Baum, der an Rande der Schlagfläche stand und der vom Wipfel bis zu den Wurzelanläufen aufgerissen und zersplittert war. War das eine Warnung der Waldgeister, denen ich eines der von ihnen gehüteten Geschöpfe entrissen hatte? Oder doch nur der Hinweis, daß es mehr als leichtsinnig ist, während eines Gewitters einen Rehbock zu erlegen?

Weiß Gott, was das Schicksal noch alles mit mir vor hat, aber diese Jagd bei Blitz und Donner war doch eine besondere Herausforderung, die in meiner Erinnerung um einiges länger haften bleibt als die routinemäßige Erlegung eines Rehbockes auf der „g'mahten Wiesn", wie es im Wienerischen so schön heißt.

Zwerghirsche

Jede Zeit hat ihre Jagd! Eigentlich ist dem nichts hinzuzufügen, außer daß die Jagd natürlich auch von der jeweiligen Kultur, deren Bestandteil sie ist, geprägt ist. Im hohen Mittelalter war die Jagd Ausdruck ritterlicher Lebensart. Maß und Vorbild aller, die dem Weidwerk frönten, war der im Range höchste aller Ritter, der König selbst. Vor allem dann, wenn er ein so leidenschaftlicher Jäger wie Maximilian I., der „Weiskunig", war. Als in den darauffolgenden Jahrhunderten in großen Teilen Europas in der feudalen Oberschicht eine Lebensart gepflegt wurde, die uns nicht nur den barocken Baustil, sondern auch manche, selbst heute noch bei der Jagd geübte Praktiken hinterließ, wurde Jagen als prunkvolles Theater inszeniert. Noch Kaiserin Maria Theresia, diese sehr kluge, mütterliche und weit über ihre Zeit hinaus wirkende Habsburgerin, fand in ihrer Jugend noch Freude daran, bei den Hofjagden in der Umgebung Wiens, bei der das Wild in der Art des eingestellten Jagens auf eine kleine Fläche zusammengetrieben wurde, von einem eigens für sie errichteten Pavillon heraus auf Hirsche und Sauen Dampf zu machen. Die Errichtung des Lainzer Tiergartens, eines großen, mit einer hohen Mauer eingefriedeten Jagdgatters am Rande Wiens, ist ihr zu danken. Im 19. Jahrhundert wurde dieser Tiergarten, der heute noch eine beachtliche Menge Schwarzwild beherbergt, für das Publikum geöffnet, und er ist bis heute für die Wiener ein beliebtes, wanderbares Naherholungsgebiet. Dieses Jahrhundert brachte dann auch, wie wir wissen, die ersten Schritte zur Demokratisierung der Jagd, wenn auch bis zum Ende der europäischen Kaiserreiche so manches an der Jagdausübung an die Zeiten der Feudalherrschaft erinnerte. Die beiden gekrönten und doch so ungleichen Häupter, Kaiser Franz Joseph I. und Wilhelm II., waren jeder auf seine Weise Vorbilder für ihre Zeitgenossen. Das von vielen Älteren unter uns Jägern schon als Vorabend der Gegenwart empfundene zwanzigste Jahrhundert brachte trotz zweier zerstörerischer Weltkriege eine Entwicklung der Jagd in Richtung Naturschutz, die heute noch anhält und der sich die meisten Jäger in unseren Tagen verpflichtet sehen. In Deutschland spielten dabei die Jahre nach 1933 keine unbedeutende Rolle.

Ich bin mir bewußt, nicht im Einklang mit der uns von den selbsternannten Hütern der Demokratie verordneten „political correctness" zu stehen, wenn ich meine, daß die damals für die Jagd verbindlich gewordenen Rahmenbedingungen, die sich auf das Reichsjagdgesetz 1934 stützten, nicht die schlechtesten für die Entwicklung des Jagdwesens waren. Der „Führer" hatte zwar für die Jagd nichts übrig und machte über die Jagdleidenschaft mancher seiner Paladine, an deren Spitze Göring stand, der sich bekanntlich auch mit dem Titel Reichsjägermeister schmücken konnte, sarkastische Bemerkungen. Vielleicht hing das auch mit seiner strikten Ablehnung des Fleischverzehrs zusammen. Der Mann, der Hekatomben von getöteten Menschen auf sein Gewissen lud, war überzeugter Vegetarier und pflegte, wie Zeitzeugen aussagen, einen sehr liebevollen

Umgang mit seinen Hunden. (Es hätte also auch gar nicht des erst jüngst Schlagzeilen auslösenden, erschreckenden Beispiels jenes niederländischen Tierschützers gebraucht, der einem von ihm gehaßten Politiker einfach eine Kugel durch den Kopf schoß und einmal mehr bewies, daß Tierliebe und vegetarische Ernährung nicht a priori, wie gerne behauptet wird, friedlich stimmen!)

Als einer der Nebeneffekte des Reichsjagdgesetzes von 1934 kann die in dieser Zeit einsetzende verstärkte Auseinandersetzung der Jagdpresse mit jagdwissenschaftlichen Themen gesehen werden. Ein Beleg dafür ist mir eine Veröffentlichung aus dem Jahre 1943, die mir von deren Autor, dem Zoologen und Jäger Eduard Paul Tratz, vor Jahren persönlich übergeben wurde, jahrelang in meinem Papierkram verschwunden war und erst jüngst wieder auftauchte. E.P. Tratz war der Gründer und jahrzehntelange Direktor des „Hauses der Natur" in Salzburg, einem weit über die Grenzen Österreichs hinaus bekannten und viel besuchten Naturkundemuseum. Er war nach dem Anschluß Österreichs an das Deutsche Reich auch für kurze Zeit Kreisjägermeister in Salzburg. Von seiner Verbindung mit der Jagd kündet auch heute noch die reichhaltige Sammlung von Jagdtrophäen und Wildpräparaten in „seinem" Museum. Seine Sammelleidenschaft blieb bis zum Ende seines langen Lebens ungebremst und um diese zu befriedigen, war er bereit, allerlei Zugeständnisse auch in politischer Hinsicht zu machen.

In dieser Veröffentlichung (der „Deutsche Jäger" war übrigens zur letzten Jagdzeitschrift im ganzen Deutschen Reich geworden, denn die Flammen aus den höllischen Abgründen des in seine Endphase tretenden Krieges hatten bereits die Druckereien und Redaktionsstuben erfaßt!) versuchte Tratz das Vorkommen von sogenannten Zwerghirschen in einem Waldgebiet namens „Weilhartsforst“ nachzuweisen. Diese Gebiet liegt 60 Kilometer nördlich von Salzburg, nahe dem Inn und der Geburtsstadt des „Führers“, Braunau, wie Tratz nicht versäumte, zu erwähnen. Die zusammenhängende Fläche dieses auf den kargen Schotterböden, die einst der abschmelzende Salzachgletscher zurückgelassen hatte, liegenden Forstes beträgt rund 5.000 Hektar und gehört bis auf einige Randparzellen auch heute noch der gräflichen Familie Castell-Castell. Bevor dieser Weilhartsforst zu einer Waldinsel im bäuerlichen Kulturland des oberen Innviertels geworden war, bestand sicher eine Verbindung mit den vormals in einem breiten Streifen die Salzach und den Inn begleitenden Auwäldern. Diese müssen die Heimstatt starker Hirsche gewesen sein, denn es gibt von dem bekannten J. E. Ridinger einen Kupferstich, der einen gewaltigen Hirsch mit einem Geweih von 28 Enden zeigt, und der in der Weitwörther Au, einem heute noch existierenden Rest dieser Aulandschaft, erlegt worden sein soll.

Vor sechzig Jahren und gewiß auch schon hundert Jahre vorher war der Weilhartsforst nicht nur als Wald, sondern auch für das Rotwild bereits zu dieser Insel geworden, deren Verbindungen nach außen durch den Ausbau der Verkehrswege und die sich ausbreitenden Siedlungen immer mehr unterbunden wurden, so daß von den umliegenden Rotwildgebieten, wozu der östlich vom Weilhartsforst gelegene Kobernauserwald und das weiter entfernte Salzkammergut gehören, kaum mehr Rotwild einwechseln konnte.

Tratz und seinen Zeitgenossen fiel auf, daß die Hirsche dieser „Insel“, deren Zahl 1942 mit 140 Stück angegeben wurde und die Tratz ausdrücklich als „bodenständig“ bewertete, von sehr geringer Körpergröße waren. Die Körperlänge der Hirsche wird mit höchstens 1,80 m, die Schulterhöhe mit höchstens 1,10 m und das durchschnittliche Wildbretgewicht (erlegt und aufgebrochen) mit 77 kg angegeben. Belege dafür sind die Aufzeichnungen der Castell'schen Forstverwaltung Hochburg. Ob auch das Gewicht weiblicher Stücke erfaßt wurde, geht aus den Ausführungen nicht hervor und mag für das damalige Denken auch belanglos gewesen sein. Wichtig und interessant war eben nur der Zustand der Trophäenträger, denn ihnen allein galt das jagdliche Interesse. Die Geweihe dürften selten ein Gewicht von 3 kg überschritten haben, und das Zielalter für die Erlegung wurde mit fünf Jahren (sic!) angegeben. Damit wurde das Rotwild mit dem Rehwild fast auf die gleiche Stufe gestellt Tratz erwähnt interessanterweise auch das Vorkommen von „Ausreißern“, Hirschen, die nach ihrer Erlegung mehr als hundert Kilogramm auf die Waage brachten und wahrscheinlich auch stärkere Geweihe trugen. (Nähere Angaben dazu bleibt er schuldig.) Er hielt diese „Irregulären“ für Zuwanderer aus dem 20 Kilometer entfernten Kobernauserwald, Blockadebrecher sozusagen, die nachts die gefährliche Strecke durch das Bauernland überwanden, ohne dabei (legal oder illegal?) ihr Leben lassen zu müssen.

Welche Erklärung bietet nun der Zoologe für diese „Verzwergung“ des Rotwildes, wie er die geringe Größe und Stärke nennt, an. Er entwickelt dazu zwei Gedankenstränge: Zum einen könnte die Ursache in einer „Degeneration“ dieses Rotwildvorkommens liegen, wobei Degeneration ein zwar damals sehr beliebter, aber doch recht schwammiger Begriff bleibt. Gemeint war wohl die Einschränkung des genetischen Potentials durch eine starke Inzucht. Ahnenverlust nannte man diese damals beim Menschen, wie das Schicksal großer, bekannter Familien, die die Verwandtenehe pflegten, zeigt, und die zu allerlei Erbschäden bis hin zur Lebensunfähigkeit führen kann.

Daß bei Wildtieren diese Verarmung des genetischen Potentials nicht unbedingt in vererbte körperliche Mängel mündet, zeigen einige Beispiele. (Wobei es überhaupt die Frage ist, ob Kleinwüchsigkeit als Mangel betrachtet werden kann!) In den letzten hundert Jahren wurde europäisches Rotwild auf fremde Kontinente gebracht, und es entstanden im Laufe der Zeit aus wenigen ausgewilderten Stücken beachtliche und vitale Populationen. Das war in Neuseeland genauso zu beobachten wie in Argentinien und Chile. In den südlichen Kordilleren dieser Länder gibt es heute Hirsche von gewaltiger Körpergröße, und wie man hört auch von Geweihgewichten, die gar nicht selten 15 kg und mehr erreichen. Ob es die etwas absurde Rotwildpopulation an den Abhängen des Kilimandscharo, von der der seinerzeit sehr bekannte ungarische Weidmann und Afrikaforscher Dr. Nagy berichtete, noch gibt, und ob dort eine ähnliche Entwicklung eingetreten ist, weiß ich leider nicht. Tratz hatte von der Gründung solcher Rotwildinseln in der weiten Welt 1943 sicher kaum Kenntnis, denn Deutschland selbst war infolge der politischen Katastrophe in Sachen Wissenschaft zu einer Insel, leider aber keineswegs glücklichen geworden.

Nun bietet Tratz auch eine zweite Erklärungsvariante an, wonach die Verzwergung eine Folge ungünstiger Äsungsverhältnisse sein könnte, und er gibt dieser auch den Vorzug. Aus heutiger Sicht hat er damit auch den Nagel auf den Kopf getroffen. Er deutet allerdings auch an, daß dieser latente Äsungsmangel in die Erbmasse eingegangen sein könnte. Er deklariert sich damit als unauffälliger Anhänger des französischen Naturforschers Jean Baptist Lamarck, dem die Vererbung erworbener Eigenschaften möglich schien. Dieser stand damit ganz im Gegensatz zu Charles Darwin, der die Entstehung der Arten auf fortgesetzte natürliche Selektion und fallweise Mutation zurückführte und damit auch den philosophischen Hintergrund für die später entstehende, perverse Rassenideologie des Hitlerismus lieferte.

Tratz war also, obwohl sonst immer um Arrangements mit dem System bemüht (ich darf das sagen, weil ich über meine Frau weitschichtig verwandt mit ihm, versippt hätte man damals gesagt, bin!), nicht unbedingt darauf aus, alles, was subjektiv als manifester Mangel an einem Lebewesen angesehen wird, auf eine schlechte Rasse zurückzuführen, die tunlichst auszurotten wäre.

Viel, viel später, nachdem die Arbeit über die angeblichen Zwerghirsche im Weilhartsforst erschienen war, erbrachte ein Jagdpächter im nahen Kobernauserwald den schlagenden Beweis dafür, daß die geringe durchschnittliche Körpergröße in einer Rotwildpopulation nicht auf die „schlechte“ Erbmasse zurückzuführen ist, sondern von den Äsungsverhältnissen abhängt. Auch im Kobernauserwald war eine Verinselung des Rotwildvorkommens eingetreten, mit einem ähnlichen Effekt für das Rotwild wie im Weilhartsforst. Trotz der Größe des Waldkomplexes, der an die 35.000 Hektar beträgt und der heute

von frequentierten Verkehrswegen und Siedlungen eingeschnürt ist, verschlechterte sich das Äsungsangebot längerfristig. Im Wald verschwanden die Blößen. Wenn nicht der Wind dafür sorgte, entstanden kaum mehr größere Schlagflächen, da von forstlicher Seite der kleinflächigen Nutzung der Vorzug gegeben und der Wald allmählich ein Lebensraum für Hungerleider wurde.

Ein zahlungskräftiger Jagdpächter, der diese Entwicklung durchschaute, dachte in den sechziger Jahren an Abhilfe und holte sich den damals sehr bekannten tschechischen Wildbiologen Bubenik als Berater. Im Einvernehmen mit den Österreichischen Bundesforsten, die dort Grundbesitzer sind, wurden Wildwiesen und Wildäcker angelegt, die Fütterungen rotwildgerecht gestaltet, und siehe da: Nach relativ kurzer Zeit wurden die Nachkommen der auch im Kobernauserwald verbreiteten Zwerghirsche zu Trägern beachtlicher Trophäen und erbrachten Wildbretgewichte, die denen entsprachen, wie sie in besseren Lagen festgestellt wurden.

Der Kobernauserwald liegt genauso wie der Weilhartsforst auf einer Endmoräne mit seichtgründigen, trockenen Böden, und im dunklen Wald stand dem Wild fast nur mehr Heidelbeerkraut als Äsung zur Verfügung. Leider hatte dieses Experiment längerfristig keine Chance auf Erfolg, denn das Rotwild ließ trotz Verbesserung seiner Lebensgrundlagen nicht davon ab, im Winter wie im Sommer Bäume zu schälen. Der Pächter wurde abgesiedelt, das heißt es wurde ihm ein Revier zu einem günstigen Pachtpreis im Salzkammergut angeboten, und das Rotwild bis auf eine homöopathische Menge liquidiert.

Kehren wir aber in den Weilhartsforst zurück, denn es ist gewiß von Interesse, zu erfahren, ob es dort heute noch Rotwild gibt und wie es damit bestellt ist. Der größte Teil der Waldfläche wurde vor Jahren eingezäunt, und zwar so, daß das Ein- oder Auswechseln von Schalenwild fast unmöglich ist. Der Weilhartsforst wird von vielen Bewohnern der umliegenden Siedlungen, ohne viel zu fragen, als Erholungswald und Sportstätte in Anspruch genommen. Viele dieser Naturnutzer kommen aus dem an der Salzach gelegenen Städtchen Burghausen, das sich seit dem Zweiten Weltkrieg zu einem der attraktivsten Industriestandorte in Südbayern entwickelt hat. Schon in meiner Kindheit war der Weilhartsforst übrigens ein beliebtes Ziel für Pilz- und Beerensammler, die in manchen Jahreszeiten scharenweise in den Wald kamen.

Alles das machte die Bejagung des Schalendwildes schon immer schwierig. Dominierende Wildart ist natürlich das Rehwild, das, wie die Erfahrungen in vielen anderen Revieren zeigen, mit immer wiederkehrenden Beunruhigungen im Großen und Ganzen einigermaßen zurechtkommt, was vom Rotwild allerdings nicht behauptet werden kann! Von der noch vorhandenen kleinen Population werden im Durchschnitt jährlich 25 Stück, je ⅓ Hirsche, Tiere und Kälber, erlegt. Da die jagdlichen Interessen der Eigentümer weit hinter ihren Erwartungen, die sie an den Forstbetrieb stellen, rangieren, wird dieser Abschuß fast ausschließlich vom Personal des Forstbetriebes vorgenommen. Unter den erlegten Stücken finden sich jährlich zwei bis drei Hirsche, deren Geweih es wert ist, an der Trophäenwand Platz zu finden. Dieses Wild ist, was die körperliche Kondition betrifft, heute „normal". Größe und Gewicht entsprechen etwa dem im Salzkammergut vorkommenden Rotwild. Von „bodenständig" kann allerdings bei dieser Population längst nicht mehr die Rede sein, denn im Laufe der Jahre wurden immer wieder Hirsche verschiedener geographischer Herkunft ausgesetzt. Man erhoffte sich von dieser sogenannten Blutauffrischung eine Zunahme der Trophäenstärke, die allerdings weder im Weilhartsforst noch anderswo langfristig eingetreten ist. Das Rotwild wird von Anfang Oktober bis in das ausklingende Frühjahr hinein mit Heu und Maissilage gefüttert, wobei die vorgelegten Mengen dem Erhaltungsbedarf des Wildes entsprechen.

Ursprünglich war der Weilhartsforst mit Buchen, Eichen und Nadelhölzern bestockt, ein Mischwald, der in historischen Zeiten von den Bauern der Umgebung auch als Schweineweide genutzt wurde. Im Laufe der letzten 300 Jahre kam es zu einem Prozeß der „Entmischung", bei dem sich die Kiefern, teilweise aber auch die Fichten, zu dominierenden Baumarten entwickelten. Im Sinne eines modernen Waldbaus wurden in den letzten Jahrzehnten die standortgerechten Laubbaumarten wieder stärker gefördert, mit dem Ziel einer schrittweisen Annäherung an eine natürliche, den Standortbedingungen entsprechende Waldgesellschaft.

Abschließend sei noch an einem Beispiel gezeigt, welches Gewicht die Güte des Standortes auch für die Entwicklung des Wildes hat. Vor etlichen Jahren sonderte sich ein führendes Tier vom Rudel ab und ließ das zum Schmalspießer gewordene Kalb, nachdem es selbst „reumütig" wieder heimgekehrt war, in einem vom Hochwild selten angenommenen, am Rande der geschlossenen Waldfläche liegenden Einstand zurück. Der Einzelgänger konnte weder gefangen noch erlegt werden und zog, heimlich geworden, auch immer wieder auf die umliegenden landwirtschaftlichen Flächen aus. Durch eine Absprache zwischen den Grundbesitzern und den Genossenschaftsjägern der Nachbarschaft wurde sichergestellt, daß dieser Hirsch ein Alter von circa 10 Jahren erreichen konnte. Aus dem schließlich dann doch erlegten Abkömmling von mittelprächtigen Waldhirschen wurde zwar nicht gerade ein ungarischer Kukuruzhirsch, aber immerhin ein Exemplar mit beachtlichen 125 kg Gewicht, aufgebrochen, und einem über 6 kg schweren Geweih. Womit die von Tratz seinerzeit geäußerte Meinung, bei den gelegentlich vorkommenden stärkeren Hirschen könne es sich nur um Zuwanderer handeln, einmal mehr widerlegt wurde. In diesem Fall handelte es sich sogar um einen „Auswanderer" und nicht um einen aus der Fremde Zugezogenen. Tratz Vermutung, daß der Zwergwuchs des autochthonen Rotwilds im Weilhartsforst nicht allein in der „schlechten Rasse" seine Ursache haben könnte, sondern auch auf das geringe Äsungsangebot zurückzuführen war, wurde damit aber doch bestätigt.

Zusammenfassend kann gesagt werden: Einen autochthonen „Zwerghirsch" als eine Unterart des „Cervus elaphus" etwa gab es weder im Weilhartsforst noch im Kobernauserwald. Die Beurteilung einer Abweichung von einer angenommenen phänotypischen Norm unterlag dem Geist der Zeit und resultiert auch aus dem jeweiligen Wissensstand. (Wobei wir uns heute bestimmt nicht einbilden dürfen, den Gipfel der Erkenntnis erreicht zu haben!)

Das in unseren Tagen im Weilhartsforst noch vorhandene Rotwild kann als letzte Erinnerung an ein einst weit über die Voralpen hinausgehendes Rotwildvorkommen gesehen werden. Es ist den Eigentümern des Forstbetriebes zu danken, wenn an goldenen

Herbsttagen aus der Tiefe des Waldes noch ab und zu der Schrei eines Hirschen dringt – eines Waldes, in einer Gegend, die oft genug Schauplatz historischer Ereignisse war. Der Minnesänger Wernher der Gärtner soll dort gelebt haben und erwähnt in seinem Versepos „Meier Helmbrecht“ manche auch heute noch bekannte Örtlichkeit. Die Bauernaufstände vor und nach dem Dreißigjährigen Krieg entsprangen oft genug einem Streit um das Recht zu jagen, bei dem das Wild immer den Kürzeren zog.

Wir sollten diesem Rest den gleichen Wert zubilligen wie einem von diesen prachtvollen Flügelaltären, die in den Kirchen der Umgebung zu finden sind. Es handelt sich um ein Naturdenkmal, auch wenn das heutige Rotwildvorkommen im Weilhartsforst wahrscheinlich schon eine biologische Rekonstruktion darstellt. Es ist gleichberechtigt mit den Baudenkmälern und anderen Zeugnissen einer kulturellen Vergangenheit, auf die wir alle stolz sein dürfen.

's Luada

Berufsjäger gehören einer Gruppe an, die in den letzten Jahren in Österreich leider sehr klein geworden ist. Die Ursachen dafür sind bekannt, sie liegen zum Teil in der immer noch anhaltenden Tendenz, im bestehenden Revierjagdsystem die Reviere zu verkleinern. Überall, besonders aber bei den im Staatsbesitz befindlichen Forstbetrieben wurde der Rotstift angesetzt, und diesem fielen dann oft die Stellen der Berufsjäger als erste zum Opfer. In der Regel wurde versucht, ihre Aufgaben, die in größeren Revieren eigentlich unersetzlich sind, durch andere Personen, etwa aus dem Kreis der Forstangestellten oder auch durch Hobbyjäger mit entsprechendem Zeitbudget, erledigen zu lassen – was aber nicht immer zum Nutzen der Jagd gelungen ist.

Die Erwartungen, die heute an einen Berufsjäger gestellt werden, sind ungleich größer als in der Vergangenheit. Vielleicht hat der Jagdschutz vor Jahrzehnten noch mehr Bedeutung gehabt, möglicherweise ist die Hege durch die Erschließung der Wälder mit Wegen und Straßen etwas weniger aufwendig geworden. Dafür ist durch das Gewicht, das Natur und Umweltschutz heute erfreulicherweise haben, ein neues Aufgabengebiet entstanden, das den Arbeitsbereich der Berufsjäger beträchtlich ausweitet. All das ist bekannt, und so Gott will, werden sich auch in Zukunft, trotz anhaltender wirtschaftlicher

Flaute noch ein paar Jagdinhaber und Jagdpächter finden, die die Verantwortung für Wild und Wald in die professionell geschulten Hände guter Berufsjäger legen.

Eine Fähigkeit, die im Anforderungsprofil eines guten Berufsjägers von heute nicht fehlen darf, wird oft unterschätzt. Es ist das der geschickte Umgang mit Jagdgästen, die außer ihrer Vorliebe für die Jagd oft sehr unterschiedliche Eigenschaften mitbringen. Ein guter, erfahrener Berufsjäger muß immer auch ein guter Psychologe sein, der mit einem cholerischen Gast ebensogut zurechtkommt wie mit einem, der bescheiden und zurückhaltend auftritt. Er soll, um es altmodisch zu sagen, seine „Contenance“ nie verlieren. Viele der großen Jagdreviere, das gilt besonders für die im Gebirge, werden von Jägern bevölkert, deren persönliche Erwartungen oft genug von ihren physischen Fähigkeiten und ihren jagdlichen Erfahrungen, gerade bei der beliebten Gamsjagd, mehr oder minder stark abweichen. Unter diesem Aspekt verdienen sich viele Berufsjäger ihr Brot nicht ganz so leicht, wie es manchmal von außen gesehen den Anschein hat. Deshalb muß man aber auch verstehen, daß sich in ihren Reihen oft sehr eigenwillige Typen befinden, deren Verhalten der Gast am besten von der humorvollen Seite sehen sollte.

Ein in dieser Hinsicht besonders bemerkenswertes Original war der „Ferdl“, so nannten ihn all seine Bekannten und Gäste, ohne seinen Familiennamen zu kennen. Ferdl führte viele Jahre ein eigenwilliges Regiment in einem wunderschönen Revier in den Hohen Tauern, und ich verdanke ihm eine Reihe von Jagderlebnissen, die zu den schönsten in meiner Jägerlaufbahn zählen.

Schon seine äußere Erscheinung war etwas ungewöhnlich: Er war klein von Statur, ziemlich dürr – der erfahrene Landwirt würde sagen, ein „schlechter Futterverwerter". Ferdl trug sommers wie winters das gleiche lodene Gewand, das ihn wegen der benutzten Übergrößen wie einen Konfirmanden aussehen ließ, der aus Sparsamkeitsgründen die Kleidung seiner älteren Geschwister anziehen mußte. Es plagten ihn allerlei Krankheiten, wenigstens erzählte er davon, die er aber alle irgendwann glücklich überstanden hatte, vom Herzinfarkt bis zum Morbus Crohn. Letzteres, eine höchst unangenehme Störung der Verdauung, hatte eine auffallende Flatulenz zur Folge, die auch für Umstehende manchmal unüberhörbar war. Dabei war Ferdl aber, wenn es darauf ankam, flink und zäh, und mancher seiner Gäste hatte Mühe, sein Tempo beim Bergaufgehen mitzuhalten. Die Bergung von erlegtem Wild, die im Gebirge oft genug schwierig ist, erledigte er mit Geschick und einer Kraft, die man ihm nicht zugetraut hätte. Selbstverständlich war er beim Ansprechen des Wildes dem Gast fast immer überlegen und hatte eine reiche Erfahrung bei der Bejagung des Rotwilds und der Gemsen. Er kannte sein Wild, hütete es nach gutem altem Berufsjägerbrauch so, als wäre es sein persönliches Eigentum, und sprach nur von „seinen" Hirschen und „seinen" Gemsen.

Das Revier, das er zu betreuen hatte, lag am Ende eines Tales, schon in der Kampfzone des Waldes. Rotwild war dort nur durch eine intensive Winterfütterung zu halten. Der Ferdl mußte daher während der Winterfutterperiode mehrmals in der Woche eine große Fütterung versorgen, bei der sich bis zu hundert Stück Hochwild und etwas abseits davon auch etliche Rehe täglich versammelten. Wie oft er bei der Anfahrt von seinem „Winterbau", einer schmucken Fremdenpension am Anfang des Tales, wofür er einen Motorschlitten benutzen konnte, durch Lawinen in Lebensgefahr geraten war, erzählte er nicht. Der totale Einsatz für sein Wild war für ihn so selbstverständlich, daß darüber nicht geredet wurde.

Zwei Gewohnheiten, die von manchen Jagdgästen mitunter als störend empfunden wurden, waren typisch für ihn. Die eine war sein exzessiver Verbrauch an Zigaretten. Es gab keine Atempause während einer Pirsch, und es verging kein Ansitz ohne den Verzehr – anders war diese Kettenraucherei nicht zu bezeichnen – mehrerer Glimmstengel. Der Vorrat an diesen, den er irgendwo in den Taschen seines weiten Gewandes angelegt hatte, schien unerschöpflich. Von den Medizinern wird dieses Verhalten „Abusus", auf deutsch schlicht „Mißbrauch", genannt, und dieser war sicher die Ursache für seine diversen, schon erwähnten gesundheitlichen Probleme. Wenn er merkte, daß seine Raucherei den Gast irritieren könnte, begründete er sie mit der Notwendigkeit, den Wind zu prüfen, der jedoch normalerweise im Gebirge sowieso immer aus einer Richtung weht, tagsüber bergauf, am Abend und am Morgen von oben nach unten. Aber so sind sie halt, die Raucher, irgendeine Ausrede für ihre Leidenschaft finden sie immer!

Eine zweite Eigenschaft des Ferdl war vielleicht noch etwas störender als sein Kettenrauchen. Er hatte die Gewohnheit, beinahe jeden gesprochenen Satz mit dem Wort „Luada" (hochdeutsch „Luder") zu beenden. Dieses Wort besitzt schon in der Schriftsprache eine gewisse Mehrdeutigkeit. In der in unseren Breiten, in Österreich und Bayern, üblichen Umgangssprache ist die Varianz dieses Wortes noch größer. Sie reicht vom einfachen Fluch bis zur Qualifikation eines leichtsinnigen, raffinierten Frauenzimmers, kann aber auch die spontane Reaktion auf eine unangenehme Überraschung sein. Trifft der Hammer an Stelle des Nagels den Daumen, so ist der zornige Gebrauch dieses Wortes auch durchaus angebracht. Die Weidmannssprache kennt, wie wir wissen, ebenfalls diesen Ausdruck und bezeichnet damit einen übel riechenden Kadaver, wie er mitunter zum Anlocken von Raubwild gebraucht wird. Der Ferdl jedenfalls konnte dieses Wort in seinem rauhen Dialekt noch weiter variieren als allgemein üblich. Erschien das Wild bei einem Ansitz seiner Auffassung nach nicht rechtzeitig, dann hieß es: „Wo san's denn heut' schon wieder, die Luadan!" Entdeckte er hoch oben einen guten Gamsbock in steiler Wand, dann konnte er sein Lieblingswort auch mit einem anerkennenden oder Überraschung ausdrückenden Unterton verbinden.

Einen Gast, einen meiner Freunde, den er auf einen Birkhahn führte und der beim anstrengenden Aufstieg zum Balzplatz immer wieder in die weiche Schneedecke einbrach, tröstete er mit der Bemerkung: „Da hama schon viel Dickere aufibrocht zu unseren Luadan." Der solcherart Ermunterte kann heute noch herzlich darüber lachen.

Von seinem Arbeitgeber, einem bedeutenden Wirtschaftsunternehmen, erhielt er den Auftrag, mich auf einen „Jubiläumshirschen" zu führen. Das Jubiläum war mein 60. Geburtstag, und ich sollte zur Würdigung dieses Anlasses den stärksten im Revier stehenden Hirsch erlegen. Der Ferdl war mir sehr wohlgesinnt, was bei der Jagd in Begleitung eines

Berufsjägers immer wichtig ist, und setzte seinen ganzen Ehrgeiz daran, mich wirklich auf den besten seiner Hirsche zu Schuß zu bringen. Das wollte zwei Jahre lang nicht so recht gelingen, denn entweder waren die in der Brunft vorkommenden „Luadan" seiner Ansicht nach zu jung, oder es machte uns das Wetter einen Strich durch die Rechnung. Im dritten Jahr war die Ungeduld des Berufsjägers aber bereits größer als meine, und er bat mich, so bald als möglich, auf alle Fälle zu Beginn der Hirschbrunft, ins Revier zu kommen. Die Hauptbrunft des Rotwildes spielt sich in dieser Gegend in der Regel in der ersten Oktoberwoche ab. Trotzdem ließ ich, dem Rat des Ferdl folgend, alle beruflichen oder sonstigen Verpflichtungen bereits früher hinter mir und brach am 20. September auf. Ich schwor mir, das Revier erst wieder nach Erlegung eines wirklich reifen Hirsches zu verlassen. Mit diesen reifen, sprich alten, jenseits des zehnten Hauptes angesiedelten Hirschen hatte der Ferdl so seine Probleme. Immer wieder verschwand einer von ihnen, die in der Feistzeit noch gesehen wurden, auf Nimmerwiedersehen aus dem Revier. Es gehört zu den Eigenschaften älterer Hirsche, sich von den Schauplätzen, auf denen sich der Kampf um das weibliche Geschlecht hauptsächlich abspielt, zurückzuziehen und sich irgendwo in einer stillen Ecke des Tales mit ein bis zwei Stück Kahlwild zu vergnügen. Äußerst selten finden sich die Geweihe solcher Hirsche in jener Gegend, in der sich diese Jagd abgespielt hat, auf der nächsten Hegeschau.

Es gibt aber auch bei der Jagd eine ausgleichende Gerechtigkeit: Schon am Abend nach meiner Ankunft saß ich mit Ferdl am unteren Rand eines weitläufigen, mäßig ansteigenden, vom Vieh schon

Tage vorher verlassenen Almbodens in einem hinter einem Stein gut getarnten Bodensitz. Rechts von dieser Weidefläche steht ein Hochwald, links fällt ein breiter Graben bis zum Talgrund ab, und nach oben hin wird der Almboden immer schmäler und geht in ein Latschenfeld über, das bis zu den steil darüber aufragenden Wänden reicht. Solche Legföhrenfelder (Pinus mugo) sind im Sommer, wenn sie nicht in der prallen Sonne liegen, beim Wild sehr beliebte Einstände, in denen mancher Feisthirsch, aber auch oft ein Gamsbock die ruhigen Wochen bis zur Brunft verbringt.

Lange saßen wir noch nicht, da hörten wir bereits den ersten Trenzer, wie bei uns im Gebirge das Knören der Hirsche heißt, aus dem Hochwald. Wie immer, wenn dieser Ton zum ersten Mal im Jahr wahrgenommen wird, ist das ein aufregendes Signal für den Beginn eines Spiels, bei dem es um Liebe und Leidenschaft, um Leben und Tod geht. Ein darauffolgendes, immer heftiger werdendes Röhren ließ darauf schließen, daß es sich um eine größere Gesellschaft handelte und der Platzhirsch bestrebt war, das gesammelte Rudel zusammenzuhalten und mit ihm in Richtung Latschenfeld zu ziehen. Tatsächlich tauchte nach kurzer Zeit, wie üblich, ein Kahlwild auf, Mutter mit Kind, dann ein schlankes Schmaltier und gleich dahinter der „Boss". Die Mitbewerber standen noch hörbar im Hochholz, und der Platzhirsch unterstrich sein Erscheinen auf der Bühne mit einem langgezogenen, rauhen Schrei aus tiefer Kehle. Ich war für den Schuß bereit und wartete nur noch auf dessen Freigabe. Sie kam dann auch mit den Worten: „Den schiaß ma, dös...!" Das letzte Wort ging dieses Mal im peitschenden Knall des Schusses unter. Den Hirsch hob es förmlich auf,

er machte eine halbe Volte und krachte mit der ganzen Wucht seiner 150 kg in die berstenden, trockenen Knüppel. Das Kahlwild sicherte erschrocken, zog aber auf dem Wechsel weiter. Gleich dahinter folgte ein Hirsch im fünften oder sechsten Kopf, der wohl noch nicht erfaßt hatte, daß nun seine „hohe Zeit" gekommen war. Mein Angebot, das günstig stehende Schmaltier auch gleich zu erlegen – die Bringung wäre ausnahmsweise von diesem Platz aus ganz leicht gewesen –, wies der Ferdl entrüstet zurück: „Bei mir wird in der Brunft kein Kahlwild geschossen! Aus basta!" Als ob es nicht einerlei gewesen wäre, schon jetzt den Kahlwildabschuß voranzutreiben und nicht zu warten, bis das Wild im Spätherbst schon in der Nähe der Fütterung steht. Aber so sind halt manche Berufsjäger auch: dickköpfig!

Nach angemessener Wartezeit, die mein Begleiter mit dem Genuß mehrerer Zigaretten überbrückte, gingen wir über den Almboden zum erlegten Wild. Der Ferdl ließ mir den Vortritt, um mir Gelegenheit zu geben, dem Wild die mir immer wichtige stumme Reverenz zu erweisen. So stand ich nun gesenkten Hauptes, den Hut in der Hand, gedankenversunken vor einem ungeraden Sechzehnender, dem stärksten aller von mir bis dahin erlegten Hirsche. Meine Andacht unterbrach der Ferdl aber bald mit der sehr zufrieden klingenden Bemerkung: „Dös is aber koana von meine Hirschen!" Auf das übliche letzte Wort vergaß er ausnahmsweise. Zu groß war offensichtlich seine Überraschung. Er versicherte mir, daß er diesen Hirsch noch nie vorher gesehen hätte und es sich um einen Zuwanderer aus einer anderen Gegend handeln müsse – etwas, das infolge der Lage seines Revieres sicher sehr selten vorkam. Abwurfstangen besaß er natürlich auch keine, und so war dieser Hirsch ein unerwartetes, aber auch verdientes Geschenk des heiligen Hubertus für den fleißigen Revierbetreuer und sicherlich auch für mich.

Leider wurde wenige Jahre später das aus mehreren kleineren Eigenjagden und dem Eigentum einer größeren Weidegenossenschaft bestehende Revier aufgelöst, und es ging damit einmal mehr der Posten eines Berufsjägers verloren. Die erheblichen Kosten für diese Jagd, aber auch der Ärger, der sich im Lauf der Jahre angesammelt hatte, waren dem Chef des pachtenden Unternehmens einfach zu groß geworden. Die von der EU gewährten, durchaus beachtlichen Prämien für die Alpung von Rindern waren für die Landwirte eine unwiderstehliche Versuchung, mehr Vieh, als vernünftigerweise zu vertreten war, auf die Alm zu treiben. Am Ende der Weideperiode drang das futtersuchende Vieh immer tiefer in die ohnehin sehr knapp bemessenen Einstände des Wildes ein, verursachte dort nicht nur Unruhe, sondern wurde auch zum unmittelbaren Nahrungskonkurrenten. Als dann auch noch eines ziemlich fragwürdigen wirtschaftlichen Erfolges wegen ein Großteil des Wintereinstandes des Rotwildes geschlägert wurde, die Eigentümer aber ohne Gewissensbisse auch noch einen höheren Pachtzins verlangten, war bei dem Verantwortlichen des Unternehmens, dem der mühevolle Aufbau eines beachtlichen Wildbestandes zu danken war, der Ofen aus.

Der Ferdl erhielt seinen Abschied, was formal kein Problem war, denn er stand sowieso vor der Altersgrenze. Daß der bei ihm ohnehin schon dünne Lebensfaden schließlich abriß, nachdem er sich nicht mehr seinen „Luadan“ widmen konnte, war zu befürchten, denn er sah für sich keinen Lebensinhalt mehr. Er starb ein Jahr später, ohne viel zu klagen und mit gutem Gewissen, denn er hatte schließlich seine irdischen Aufgaben als Hüter des Wildes, als umsichtiger Heger und als anständiger, hilfsbereiter Betreuer der ihm zugewiesenen Gäste vorbildlich erfüllt.

Viele von den Glücklichen, die gleich mir irgendwann einmal in diesem wunderschönen Revier jagen durften, werden den Ferdl als einen etwas ungewöhnlichen, ja kauzigen, oft genug zum Schmunzeln Anlaß gebenden, aber immer freundlichen, mit sich und seiner Welt meist zufriedenen Menschen in bester Erinnerung behalten. Ob ihm der Gebrauch seines Lieblingswortes in der Ewigkeit noch gestattet ist, wissen wir nicht. Möglicherweise schon, denn er hat es sicher nie in wirklich böser Absicht verwendet.

Die Hütten meines Lebens

Einer der intelligentesten österreichischen Politiker in den ersten 25 Jahren nach dem Ende des Zweiten Weltkrieges war ohne Zweifel Dr. Heinrich Drimmel. Manchem skeptischen Bürger mag zwar die Nennung von Politik und Intelligenz in einem Atemzug als Widerspruch per se erscheinen. Aber die Ausnahmen bestätigen bekanntlich die Regel, und Drimmel war ohne Zweifel eine Ausnahmeerscheinung. Er verband seine ungewöhnliche Intelligenz mit einem beachtlichen rhetorischen Talent und verfügte über ein stupendes Maß an Bildung. Das höchste Amt, das er in seiner Laufbahn als Politiker je erreichte, war das des Unterrichtsministers (nach bundesdeutscher Lesart: Kultusminister). Der letzte Karrieresprung, der zum Regierungschef, blieb ihm allerdings versagt, denn diesen schnitt ihm ein vielleicht weniger intellektueller, dafür aber besser in das Gefüge einer konservativen Partei passender Konkurrent ab – zum Schaden Österreichs übrigens, wie sich erst hinterher herausstellte.

Drimmels Rückzug aus dem politischen Tagesgeschäft vollzog sich dann schrittweise. Er wurde noch Vizebürgermeister seiner Heimatstadt Wien und widmete sich schließlich dem Schreiben von Büchern. Diese bezogen sich auf historische Ereignisse, ihr Inhalt waren die Schicksalsstunden der österreichischen Geschichte und die dabei mehr oder minder erfolgreichen Persönlichkeiten. Die meisten dieser Bücher erzielten eine hohe Auflage, ausgenommen ein schmaler Band mit persönlichen Erinnerungen, dem er den Titel „Die Häuser meines Lebens“ gab. Weit davon entfernt, Marxist zu sein, ließ er darin dennoch durchblicken, daß er den Einfluß des jeweiligen sozialen Milieus auf die Entwicklung eines Menschen für sehr wichtig hielt. Er schilderte seinen persönlichen Weg, den er als Sohn eines Wiener Polizisten gegangen war und der im Hinterhof eines Wiener Zinshauses aus der Biedermeierzeit begann und schließlich in einem Nebengebäude des Schlosses Belvedere endete.

Ich verschließe mich dieser Ansicht Drimmels nicht und scheue mich auch nicht, bei ihm eine bescheidene Anleihe zu machen und den Spuren nachzugehen, die verschiedene jagdliche Unterkünfte in meiner persönlichen Entwicklung als Jäger hinterließen.

Von diesen „Hütten meines Lebens“ möchte ich zwei beschreiben, die mir besonders lange zu einem jagdlichen Tusculum geworden waren und mit denen sich in meiner Erinnerung besonders eindrucksvolle Ereignisse verbinden. Sie boten mir im Sommer wie im Winter, hoch in den Bergen gelegen, Zuflucht vor den Launen des Wetters, waren aber auch die Plätze, an denen ich mit meinem von der Jagd geformten „Alter ego“ Abstand von mancher Unbill des täglichen Lebens finden konnte.

Nach wie vor ist im Gebirge eine wetterfeste Unterkunft die Voraussetzung für länger dauernde Jagdausflüge. Bei vielen jagdlichen Unternehmungen im fernen Ausland habe ich am meisten eine heimelige Hütte vermißt. Die Begeisterung für das Campieren am Lagerfeuer, auch wenn sich damit noch so viel

Romantik verbindet, hielt sich bei mir immer in Grenzen.

Einige Male im Jahr – viel zu selten, wie ich heute weiß – war mir eine Hütte Heimstatt, die auf 1.700 Metern Seehöhe in den Hohen Tauern, am Rande eines von Lärchenwald umschlossenen Almbodens, liegt. Sie wurde vor gut hundert Jahren nach Art der alten Schutzhütten gebaut, das heißt aus Holz mit einem nicht zu stark geneigten Schindeldach, das durch Seile im Boden verankert ist. Bei der exponierten Lage dieses Gebäudes ist das auch notwendig, denn Gewitter und Sturm können in diesen Höhen arg wüten, und schon mancher Gast auf der Hütte bekam es nächtens mit der Angst zu tun und fürchtete sich davor, samt Bett und allem Drumherum fortgeblasen zu werden. Auf der Bergseite hinter der Hütte ist im Laufe der vielen Jahre seit ihrer Errichtung eine prächtige Zirbe (Pinus cembra) herangewachsen, die vielleicht auch als Blitzableiter dienen kann.

Wer diese Hütte zum ersten Mal betritt, dem fällt gewiß die dunkle Farbe der inneren Vertäfelung auf. Das Holz dafür wurde einst mit viel Mühe mittels einer Zugsäge aus Stämmen von im Umkreis der Hütte gewachsenen und gefällten Zirben geschnitten. Der Goldglanz des alten Zirbenholzes wurde im Laufe vieler Jahre noch durch den Rauch der in der Hütte befindlichen Herdstelle verstärkt. Menschen mit feiner Nase konstatieren einen für solche Hütten typischen Geruch, eine Mischung von kaltem Rauch, von dem Geruch alter Kleider und dem, was von der immer irgendwo herumliegenden Losung von Mäusen ausgeht. Das sind Ingredienzen, mit deren Mischung, sofern man nicht übertrieben empfindlich ist, sich eine gewisse Heimeligkeit verbindet. Im ersten Raum der Hütte mischte sich dazu manchmal auch noch der zarte Duft von Schokolade oder aber auch – und das war dann für Geruchsempfindliche doch sehr schlimm – der von altem Käse. Diese Gerüche entströmten einem als Vorratsschrank dienenden hohen Aufsatz einer alten Gasthauskredenz. Meine Kinder öffneten nach Betreten der Hütte diesen Kasten immer mit großem Hallo, denn sie wußten, daß darin manchmal auch Leckereien zu finden waren, die auf geheimnisvolle Weise aus den heimischen Vorratskammern und Kühlschränken verschwunden waren. Jedenfalls behaupteten das meine Frau und jene meines damaligen Jagdpartners.

Anschließend an diesen Vorraum betritt man das eigentliche Zentrum der Hütte, den Raum, in dem sich das Hüttenleben meist abspielte. Neben einem kleinen Herd stehen dort noch eine Anrichte, ein großer Tisch mit einer Eckbank im Herrgottswinkel und ein Stockbett. Dieses Bett mit zwei übereinanderliegenden Schlafplätzen diente zu der Zeit, als wir noch die Jagd zu zweit gepachtet hatten, den „Jagdherren" als Lager nach anstrengenden Tagespirschen oder längerdauernden Diskussionen mit Freunden. Die Schlafplätze hatten unter anderem den Vorteil, im Halbschlaf noch einen Teil der Gespräche mitzubekommen, aber auch den Nachteil, den ganzen Qualm, der sich bei solchen „Sitzungen" meist entwickelt, einatmen zu müssen. Sollten einmal kleine schwarze Punkte in meiner Lunge festgestellt werden, dann beruhen sie sicher auf diesem Mitrauchen in der Freundesrunde.

Die zweite Hälfte der Herberge, von diesem Zentrum durch einen kleinen Zwischenraum getrennt, besteht aus einem großen Raum, der „Grafenzimmer" genannt wird. Tatsächlich war in den ersten Jahrzehnten nach der Errichtung der Hütte dieser Raum Gästen vorbehalten, die aus dem Kreis einer adeligen Jagdgesellschaft kamen, die bis zum Zweiten Weltkrieg das ganze Tal wegen seines Gamsreichtums gepachtet, zum Teil sogar im Eigentum erworben hatte. Dort dürften die hohen Herrschaften gelegentlich geruht haben, und der jeweilige Jäger war verpflichtet, ihnen den Aufenthalt in der Hütte möglichst angenehm zu gestalten; auch den Damen, die manchmal mit von der Partie waren.

Das Einzigartige an der Zirbenhütte ist das Panorama, das man von ihr aus genießen kann. Wer bei schönem Wetter auf der talseitig angebauten kleinen Terrasse sitzt, ist fasziniert von der die gegenüberliegende Talseite überragenden Kette imposanter, über 3.000 Meter hoher Gipfel. Deren vereiste Flanken und Steilabfälle reichen bis ins Tal, durch das die weltbekannte Glocknerstraße führt, die einer schon zur Zeit der Römer entstandenen Trasse eines Saumpfads folgt. Es ist beinahe ein Wunder, daß trotz dieser vielbefahrenen Straße, die gottlob einige hundert Meter unter der Hütte liegt, in deren unmittelbarer Umgebung fast immer Wild zu sehen ist. Im Mai balzen die kleinen Hahnen am Almboden, im Sommer liegen die Murmeltiere träge vor ihrem Bau, und im Herbst rumoren nächtens manchmal die Hirsche.

In besonders lebhafter Erinnerung ist mir die Erlegung eines Rehbockes ganz in der Nähe der Hütte: Gemeinsam mit meinem damaligen, leider auch schon längst in die ewigen Jagdgründe gewechselten Partner und Freund war ich um den 20. August herum einige Tage im Revier. Aus irgendwelchen für ihn zwingenden Gründen mußte er zwischendurch einmal ins Tal und stieg am Morgen mit dem Versprechen ab, bis zur Abendpirsch wieder zurückzukommen. Ich vertrieb mir diesen Tag mit den verschiedensten bei einer Hütte immer anfallenden Arbeiten und saß am frühen Nachmittag für eine Kaffeepause auf der Bank vor der Hütte. Kaum hatte ich mir nach dem Genuß der Kaffees eine Pfeife angezündet, registrierte ich eine Bewegung am oberen Rand des Almbodens. Nach genauem Hinschauen entpuppte sich der zufällig wahrgenommene rote, in Bewegung befindliche Fleck als – heiliger Hubertus! – Rehbock mit einer beachtlichen, begehrenswerten Krone. Er strebte an diesem hellen Nachmittag ziemlich zielbewußt seinem vermutlich talauswärts liegenden Einstand zu. Wahrscheinlich war er in den letzten Tagen der Rehbrunft bei einer der Geißen gestanden, die sich im Sommer gerne hoch oben in der Latschenregion, fast noch höher als die Gemsen, aufhalten und dort ungestört ihre Jungen aufziehen. Nach getaner Arbeit wollte er wohl wieder zurück und sich irgendwo im Waldschatten von den Mühen der Brunft erholen.

Ich eilte in die Hütte, holte die Waffe, nahm mir nicht mehr die Zeit, Schuhe anzuziehen, und rannte so wie ich war, für eine Siesta leicht bekleidet, auf einem von der Hütte ausgehenden, ebenfalls talauswärts führenden schmalen Steig dem Rehbock nach. Er konnte mich weder eräugen, noch vernehmen, noch winden, denn der Steig führt nach kurzer Distanz in einen bewaldeten Graben, in dem ich gut gedeckt vorankam. Der kalkulierte Treffpunkt lag jenseits des Grabens auf einer kleinen Almfläche, über die das Wild gerne wechselt. Tatsächlich: Kaum hatte ich hinter einem Baum, von dem aus der ganze Boden einzusehen war, Deckung gefunden, zog der Bock auch schon aus dem Graben und wurde, ohne daß er mich registriert hätte, meine Beute. Nach mäßig anstrengendem Transport, während dessen die bei mir meist erst nach dem Schuß eintretende Aufregung abklang, konnte ich den Rehbock, nach allen Regeln der Kunst versorgt, in das Geäst der Zirbe hängen.

Ich bin noch heute meinem Schicksal für den unerwarteten Erfolg dankbar. Schicksal heißt auch in diesem Fall: Um Erfolg zu haben, auch als Jäger, muß man zur rechten Zeit am rechten Platz sein. Die Krone dieser unverhofften Beute zählt übrigens immer noch zu den besten Stücken an meiner Trophäenwand.

Ich glaubte, mir ein kühles Bier verdient zu haben, legte eine weitere Flasche in das kalte Wasser des vor der Hütte plätschernden Brunnens und danach vielleicht noch eine dritte. So genau weiß ich das heute nicht mehr.

Mein am frühen Abend wiederkehrender Jagdfreund traf mich jedenfalls mit angeblich rotem Kopf und – wie er auch noch später immer wieder behauptete – seligem Lächeln im Gesicht. Jedenfalls verbrachten wir den Abend noch bei einer Flasche Wein, denn solche Sternstunden im Leben eines Jägers gehören gefeiert.

Nach 23 glücklichen Jahren mußte ich den Einstand wechseln und zog in das benachbarte Tal um. Auch dort stand mir eine Hütte zur Verfügung, eigentlich schon ein kleines Jagdhaus, ein einstöckiger Blockbau, errichtet auf soliden Grundmauern. Der wesentliche Unterschied zur Zirbenhütte lag aber nicht in der Bauart, sondern in der Lage. Während jene wirklich auf „hoher Bergeshöh'" von weitem sichtbar ist, lag die neue Unterkunft versteckt im steilen Bergwald. Sie wurde vor ca. 50 Jahren aus Gründen des Lawinenschutzes bewußt dorthin gestellt. Ein Seil braucht man zwar nicht gerade, um zu dieser Hütte zu gelangen, aber immerhin ist das Risiko groß, durch einen unbedachten Schritt wenige Meter von der Hütte entfernt abzustürzen. Die infolge reichlicher Flüssigkeitsaufnahme erzwungenen Unterbrechungen des Schlafes waren deshalb nicht ohne Gefahr, bis ich den kleinen Platz vor der Hütte mit einem festen Geländer abgesichert hatte.

Der Wechsel meiner Behausung fiel eigenartigerweise auch mit einem Wandel in meiner persönlichen Befindlichkeit zusammen. Schien mir in den Jahren auf der Zirbenhütte die Welt manchmal ein wenig zu klein und strebte ich oft nach Weite und Abwechslung, so war ich zum Zeitpunkt meiner Übersiedlung in den Schatten des Bergwaldes doch schon etwas ruhiger geworden. Manchmal traf mich sogar der Vorwurf, ich hätte mich zum Einsiedlerkrebs entwickelt, der sich gerne in seine feste Behausung zurückzieht und des weiten Horizonts nicht mehr bedarf. Tatsächlich lagen einige erlebnisreiche Jagdfahrten schon hinter mir, die beruflichen Stürme hatte ich einigermaßen überstanden, die Lust auf reiche Beute war auf ein vernünftiges Maß zurückgegangen, und die Kinder waren auf dem Weg in das Erwachsenenalter. Für sie war der Wechsel des Reviers und der Hütte ebenfalls eine Zäsur. Auf der Zirbenhütte hatten sie ihr „Heidiland" erlebt, waren immer begeistert, ein paar Tage mit den Eltern in enger Gemeinschaft dort zu verbringen, fanden es aufregend, wenn die Ziegen des Hirten bis in die Hütte vordrangen, und sie freuen sich heute noch, wenn sie den Klang der Kuhglocken hören. Die jüngste meiner Töchter empfand den Abschied von dort als besonders traurig, ließ ihrem Frust bei einer Pirsch im steilen Gelände freien Lauf und jammerte: „Ich möchte wieder zurück zur Zirbenhütte!“ Gerade diesen Wunsch konnte ich ihr aber beim besten Willen nicht erfüllen und wollte ihr auch nicht erklären, daß noch vieles in ihrem Leben nicht so verlaufen werde, wie sie es sich in ihren Träumen vorstellt.

Bekanntlich ist der Mensch allerdings ein Gewohnheitstier, und es dauerte nicht lange, so fühlte ich mich am neuen Standort schon wieder heimisch. Gerade auch deshalb, weil der Jagdwert des neuen Reviers wesentlich höher war als jener des alten Standorts. Ich konnte im Lauf der Jahre mein jagdliches Tagebuch mit vielen erfreulichen Eintragungen füllen und war sehr bemüht, in diesem neuen Revier meine Rolle als Gastgeber und Herbergsvater zur Freude meiner vielen Freunde und Gäste möglichst gut zu spielen. Es war darunter mancher, der unter meiner Führung seinen ersten Gams erlegen konnte oder dem eine Hirschbrunft im Hochgebirge zur bleibenden Erinnerung wurde. Hätte ich mir jemals Gegenleistungen ausbedungen, dann wäre ich vermutlich mit Jagdeinladungen bis an mein Lebensende voll versorgt.

Gleich einem Berufsjäger konnte ich mit meinen Gästen die unterschiedlichsten Erfahrungen machen: Mit guten und weniger guten Schützen, mit solchen, die den Anforderungen des Hochgebirges gewachsen waren, und anderen, die Mühe hatten, sich im steilen Gelände zu bewegen. Einer, den ich auf einen geringen Hirsch zum Schuß brachte, bot mir allen Ernstes Geld an, wenn ich das erlegte Stück an Ort und Stelle liegenließe. Er fürchtete sich wohl vor der mühevollen Arbeit des Bergens, des Lieferns des Wildbrets ins Tal, oder er war einfach zu bequem dazu. Erst als ich ihm mit erhobenem Bergstock drohte, war er bereit, Hand anzulegen, ließ mir aber den Wildschlitten einige Male, unabsichtlich natürlich, in den Rücken sausen. Ein anderer, dessen unmißverständlichem Drängen, ihn einmal auf den Berg mitzunehmen, ich nachgab, stellte sich an Ort und Stelle mit der von mir geliehenen Waffe so ungeschickt an, daß ich Sorge hatte, er würde mich und sich gleich in einem Zug erlegen. Dabei erzählte er mir ständig von seinen großen jagdlichen Erfolgen in Ungarn und anderswo.

Eine Erfahrung, bei der mir einmal mehr bewußt wurde, daß die Bergjagd insgesamt kein Kinderspiel ist, machte ich durch einen meiner Hunde. Zu zweit, ein bewährter, immer hilfreicher Jagdfreund und ich, waren wir im Revier damit beschäftigt, eine von den Winterstürmen gestürzte Ansitzleiter wieder aufzurichten. Solche Arbeiten sind für die Hunde immer fad, denn sie müssen dabei oft stundenlang am Platz bleiben. Auf dem Weg zur Hütte durften sie, die Kleine Münsterländerin meines Freundes und meine Labradorhündin, im Anschluß daran als kleine Entschädigung für ihre brave Ausdauer frei laufen. Plötzlich stand ein Gamsbock mitten auf dem Steig. Als er bergauf flüchtete, riß er natürlich die Hunde mit. Während sich nun die Kleine Münsterländerin abpfeifen ließ, blieb meine Labradorhündin, entgegen ihren sonstigen Gewohnheiten, unbeeindruckt von meinen Rufen auf der heißen Fährte. So etwas kann passieren und bleibt meist eine Episode in der Beziehung zwischen dem Hund und seinem Führer. Ich war auch überzeugt, der Ausreißer würde bald zurückkommen, was aber leider nicht der Fall war; bis zum Abend nicht und auch nicht in der Nacht, während der ich fürsorglich die Hüttentüre offen ließ. Auch der nächste Tag verging, und trotz allen Suchens blieb der Hund wie vom Erdboden verschwunden. Nun war guter Rat teuer, denn wir mußten spätestens am Montagmorgen wieder an unseren Arbeitsplatz. Ich verließ also schweren Herzens die Hütte, nicht ohne eine alte Kotze vor die Tür zu legen. Selbstverständlich verständigte ich alle mir bekannten Personen im Tal, die den Hund vielleicht irgendwo entdecken könnten: den Oberjäger des Forstbetriebes, in dem ich Pächter war, das Personal der nahe liegenden Bergbahn und im Tal auch die Gendarmerie. Ein Bekannter, der mit mir schon einige Male im Revier gewesen war, hatte am übernächsten Tag in der Gegend zu tun und bot sich an, zur Hütte zu gehen und ebenfalls nach dem verschwundenen Kameraden mit dem haarigen Gesicht zu suchen. Auch er kam ohne Ergebnis zurück, und meine Hoffnung, daß der Hund irgendwo auftauchen würde, wurde immer kleiner. War er dem Gams in felsiges Gelände gefolgt und abgestürzt? War er an der Hütte vorbei doch irgendwie ins Tal gelaufen und dort von einem „Tierfreund" ins Auto gepackt und mitgenommen worden, was wohl auch öfter vorkommt? Jedenfalls hatte ich ein schlechtes Gewissen. Hätte ich doch besser aufgepaßt, die Versuchung des wenige Meter vor uns verhoffenden Gams vielleicht rechtzeitig erkannt oder den Hund gar nicht von der Leine gelassen.

Nach einer ganzen langen Woche klingelte das Telefon, und es meldete sich der Oberjäger, der mir erzählte, daß ein Bauer der frühmorgens sein Almvieh zu seiner Hütte trieb, den Hund im steilen Wald nächst der Jagdhütte gehört hätte. Meine Frau und ich ließen alles liegen und stehen, packten die Jagdsachen und meine damals noch lebende zweite Hündin ein und fuhren los. Nach zwei Stunden waren wir im Revier und auf dem Weg zur Hütte, mit einem unguten Gefühl allerdings, denn auch der begleitende Oberjäger meinte, es wäre gut, die Büchse mitzunehmen für den Fall, daß der Hund irgendwo schwer verletzt liege und nicht mehr zu retten sei. Beim Passieren einer steilen Rinne hörten wir aus dem Gegenhang auch tatsächlich einen klagenden Laut, der jedoch verstummte, als ich den Hund beim Namen rief. Eine Aktion Planquadrat, von der Hütte ausgehend, brachte vorerst nichts, und es war unerklärbar, warum der Hund, der doch die Nähe seiner „Familie" spüren mußte, sich nicht mehr rührte. Mitten in dieser Aussichtslosigkeit – ich stand ziemlich verzagt im steilen Wald und hatte dieses halsbrecherische Gelände schon fast ganz abgesucht – fing sich mein suchender Blick an einer kaum merkbaren Bewegung am Fuß einer Fichte. Da war doch was? Zwischen Baum und Hang hatte sich eine kleine Mulde gebildet, und in der lag, wie der Blick durch das Fernglas bestätigte, der Hund, durch seine schwarze Farbe und den dunklen Waldschatten kaum erkennbar.

Nach der mühevollen, nicht ungefährlichen Bergung stellten wir fest, daß der Hund zwar sichtlich schwach war, aber keine äußerlich sichtbaren Verletzungen aufwies. Er war dann auch bereit, angeleint mir aus eigener Kraft bis zur Hütte zu folgen. Allerdings hatte er sich von einem festen, kräftigen Labrador zu einem Windhund gewandelt. Das erste, was er zu sich nahm, war viel Wasser. Zum Glück hatte es in dieser Woche einige Male geregnet, so daß er wenigstens nicht verdursten mußte. Erst allmäh-

lich kam auch der Appetit wieder zurück, und er begann langsam, das angebotene Futter aufzunehmen. Interessant ist, daß seine Beziehung zu mir, zu meiner Frau und zur zweiten Hündin ziemlich locker geworden war, und er zeigte nicht, wie erwartet, große Wiedersehensfreude – eine Erscheinung, von der immer wieder berichtet wird, wenn Hunde in ähnlichen Fällen eine Zeitlang irgendwo alleingeblieben waren, etwa Dachshunde, die sich erst nach Tagen aus einem Fuchsbau befreien konnten. Was geschehen war, konnte er leider nicht erzählen. Wahrscheinlich war er beim Rückwechsel von seiner unerlaubten Hetzjagd zu schnell unterwegs gewesen, ein Stück abgestürzt und zum Glück unverletzt in der geschilderten Mulde liegengeblieben. Nach dem Schock des Abrutschens und Abstürzens wollte er wahrscheinlich diese sichere Stelle, bis ihm jemand zu Hilfe kommt, nicht mehr verlassen. Warum er auf das Rufen und Pfeifen nicht reagiert hat, bleibt unerklärbar. Schließlich mußte er die Suche nach ihm, besonders wenn jemand zur Hütte kam, mitbekommen haben. Der Oberjäger meinte, er habe vielleicht ein schlechtes Gewissen und Angst vor Züchtigung gehabt. Ich prügle allerdings meine Hunde nicht. Die Angst vor einem lauten, strengen Verweis könnte vielleicht die gleiche Wirkung gehabt haben. Als uns der Oberjäger verließ und von der Hütte wegging, wollte der Hund unbedingt hinter ihm nach. Schon wieder einer, der zur Hütte kommt und sie wieder verläßt, ohne mich aus meiner mißlichen Lage zu befreien und „mitzunehmen“, mag er gedacht haben. Sofern Hunde überhaupt denken können!

Das Hüttenleben ohne Hund kann ich mir schlecht vorstellen. Mein Vorgänger als Pächter der Zirbenhütten-Jagd war ein alter Hagestolz. Im Lauf vieler einsamer Jahre, die er von Mai bis November auf der Hütte verbrachte, war er jeder menschlichen, aber auch tierischen Gesellschaft fast entwöhnt. Von ihm wird berichtet, daß er mit sich selbst redete. So weit soll es schließlich nicht kommen, und Hunde gehören zu einem Jägerleben genauso wie das Pferd zum Reiter. Wobei es natürlich nicht so weit gehen soll wie bei jenem Jäger, der angeblich, nachdem er seinen treuen Jagdgefährten im Wald begraben hatte, nach Hause kam und zu seiner Frau begütigend sagte: „Jetzt habe ich nur mehr dich, meine Liebe!" Wenn das auch nur ein Witz ist, so sagt es doch manches über die Rangordnung aus, die manchmal bei Hundebesitzern herrscht. Es gibt schließlich auch Hundefreunde, bei denen am Ende der Hund und nicht der Herr bestimmt, was zu tun ist.

Von dieser zweiten, für mein Leben als Jäger sehr wichtigen Hütte gäbe es natürlich vieles andere zu berichten. Ich mußte sie nach einem Jahrzehnt ebenfalls aufgeben, unter Umständen, die ich an anderer Stelle schildere (siehe Seite 59 ff.). Ein Jahr nach diesem keineswegs erzwungenen, sondern nach reiflicher Überlegung, wie es so schön heißt, beschlossenen Abschied fuhr der Sturm durch den Bergwald, brach zweihundertjährige Fichten in Stücke und warf uralte Lärchen um, so als wären sie nicht langsam gewachsene Bäume, sondern Strohhalme gewesen. Einer der Bäume, die oberhalb der Hütte standen, schlug auf das Dach und richtete erheblichen Schaden an. Die Zugänge zur Hütte waren nach diesem Orkan unpassierbar geworden, und es mußte eine dieser von mir ungeliebten „fliegenden Windmühlen" angefordert werden, um den Schaden wenigstens provisorisch beheben zu können. Der folgende Winter mit meterhohem Schnee hätte wahrscheinlich noch mehr Schaden angerichtet und die in dem schwierigen Gelände unbedingt notwendige Unterkunft gänzlich unbrauchbar gemacht.

Nichts ist eben von Dauer auf dieser Erde, selbst Hütten, von denen man meint, sie seien jedem Sturm gewachsen, können dem Toben der Elemente zum Opfer fallen. Gott sei Dank ist einem als Jäger im Gebirge diese Einsicht nicht immer präsent, denn das würde einem vielleicht die Freude am Leben verderben. Die Empfehlung des römischen Dichters Horaz: „Carpe diem", nütze den Tag (es könnte ja auch dein letzter sein), hat viel für sich, auch beim Jagen. Natürlich dürfen wir darob die Verantwortung, die wir Menschen als außerordentliches Ergebnis der Schöpfung haben, nicht außer acht lassen und uns nicht einer egoistischen Zügellosigkeit hingeben. Diese Verantwortung läßt sich aber ganz gut – wenn man sich das Gefühl für das rechte Maß bewahrt – mit dem zitierten Rat dieses allen Gymnasiasten gut bekannten Dichters verbinden. Die Frage, ob es mir selbst mit der Befolgung dieses Ratschlages immer ganz ernst war, bleibe dahingestellt. Jeder Tag, den ich nicht auf einer meiner Hütten verbrachte – begleitet von der Familie, in der Gesellschaft von guten Freunden bzw. auch allein jagend oder auch nur, um dort zu sein und in der Freiheit der Berge auf gute Gedanken zu kommen –, scheint mir heute im Rückblick ein verlorener Tag. Aber das haben eben die Zeit und die ihrer Einteilung dienenden Tage so an sich: Sie sind flüchtig und lassen sich, einmal vergangen, nicht mehr zurückrufen.

Hubertusmesse

Es war nach der Sitzung einer gemeinnützigen Vereinigung, die, wie öfters, mit einem eigennützigen Essen verbunden war. Mir gegenüber saß ein freundlicher Herr mit dem Flair der Gemütlichkeit, das von etwas rundlich gebauten Persönlichkeiten ausgeht. Zuerst drehte sich das Gespräch um ein paar Belanglosigkeiten. Nach dieser höflichen Einleitung blieb sein Blick jedoch einige Sekunden an mir hängen, und er fragte mich zu meiner Überraschung: „Sind Sie Jäger?"

Das klang ein wenig nach Erforschung allfälliger Sünden, denn mein Gegenüber war geistlichen Standes und vielleicht gewöhnt, im Beichtstuhl solche Frage zu stellen. Da ich mir keiner besonders schwerwiegenden Verfehlungen – in jeder Hinsicht, auch nicht als Jäger – bewußt war, antwortete ich ohne Zögern mit „Ja". Ich frage mich allerdings im Stillen, warum er mich als Jäger angesprochen hatte. Meine Begeisterung für die Jagd steht mir vermutlich nicht ins Gesicht geschrieben. Außerdem war ich an diesem Tag nicht besonders weidmännisch gekleidet – ohne den grünen Rock, der in diesem Land bei fast allen Anlässen zulässig ist. Dieses Mal war ich nämlich eher ein feiner Pinkel, mit weißem Hemd, Krawatte, dunklem Sakko etc.

Ich sollte den tieferen Grund seiner Frage auch gleich erfahren, denn er fuhr damit fort, mir zu erklären, daß er als Priester die Hubertusmessen gar nicht möge – besonders jene, bei denen ein totes Vieh (so seine Ausdrucksweise) mitgeschleppt werde. Da grause es ihm, und niemand könne von ihm verlangen, daß er bei einer solchen Umrahmung der Messe die Gegenwart Christi im gemeinsamen Abendmahl verkünde.

Bums! Dieser Schuß saß ziemlich hochblatt, und ich mußte erst ein wenig Luft holen, um zur Gegenrede anzusetzen: Das Christentum, so meinte ich, habe in seiner langen Geschichte schon immer ganz bewußt vorchristliche Bräuche als „Rahmenprogramm" in seine kultischen Handlungen aufgenommen. Wahrscheinlich habe man auf diese Weise die Menschen etwas leichter von ihren Gefühlen her zu fassen bekommen.

Gerade im „heiligen" Land Tirol, aus dem mein Gesprächspartner kam, sei es doch alter Brauch, daß die Schützen mit ihren Salven bei der Messe die Wandlung von Brot und Wein in Leib und Blut Christi ankündigen und die Luft erzittern lassen. Sei das nicht eine etwas lautstarke Begleitmusik für die Verkündigung einer Friedensbotschaft? Und die Mitglieder der „Gesellschaft Jesu", der mein Gegenüber angehörte, was hätten die nicht schon alles getan, um an die Menschen fremder Kulturen heranzukommen? Als Mandarine hätten sie sich verkleidet, als gelehrige Schüler des Konfuzius ausgegeben, um im alten China Einfluß zu erlangen und den Boden für das Christentum zu bereiten. Und in Südamerika hätten sie den Eingeborenen den Abschied von den alten Göttern bekanntlich dadurch schmackhaft gemacht, daß sie den Indianern manch heidnische Sitten nachsahen, die heute noch dort ausgeübt werden.

Ganz überzeugen konnte ich meinen Gesprächspartner mit diesen Argumenten nicht, auch nicht mit dem Hinweis auf meine persönlichen Erfahrungen mit den jeden Herbst von unserem Landesjagdverband gefeierten Hubertusmessen. Dort träfe ich, so meine Beteuerung, Jahr für Jahr viele Menschen, die vermutlich sonst sehr selten eine Kirche von innen sehen. Vielleicht gelingt es wenigstens bei dieser feierlichen Zeremonie, die die Segnung eines vor den Altar gelegten Hubertushirsches mit einschließt, deren Ohren (vielleicht auch deren Herzen) für die Botschaft Christi zu öffnen.

Als die Suppe serviert wurde, wandten wir uns anderen Themen zu und beließen es schließlich bei der Versicherung gegenseitigen Wohlwollens und einem milden Lächeln.

Seit vielen Jahren – ich kann mich gar nicht erinnern, wie lange schon – erfreuen sich die im Herbst um den Namenstag des heiligen Hubertus gefeierten Messen sowohl am flachen Land als auch in der Stadt bei den Jägern und in Bevölkerungskreisen, die ohne Vorbehalte gegenüber der Jagd sind, großer Beliebtheit. Es ist fast schon eine Inflation von solchen Veranstaltungen festzustellen, die oft unter Einsatz von Bläsergruppen und Jagdchören veranstaltet werden.

Wurden früher am Land in den Fluren Wetterkreuze errichtet und kleine Kapellen gebaut, um auf diese Weise dem Herrgott Ehrfurcht und Dank zu bekunden, so stehen heute schon in sehr vielen Gemeinden, irgendwo am Waldrand, Hubertuskapellen – nicht immer ganz stilsicher errichtet, aber doch sehr nützlich für den Fall, daß irgend jemand, natürlich darf das gelegentlich auch ein Jäger sein, in der Ruhe des Waldes sein Gewissen erforschen und ein Dankgebet sprechen will.

Bei diesen Messen am Rand unserer Stadt, zu denen sich auch immer neben dem Landesjägermeister einige Politiker und Spitzen der Behörden einfinden, wird, das ist schon Tradition, eine Liste mit den Namen jener Jäger verlesen, die im jeweils vorangegangenen Jagdjahr in die ewigen Jagdgründe gewechselt sind. Da tauchen dann Namen auf, mit denen sich eine Bekanntschaft oder auch irgendein jagdliches Ereignis verbindet. „Von dem habe ich's gewußt, daß er krank war! Aber der auch? Der war doch noch ganz gut beisammen!" Solche und ähnliche Gedanken gehen einem durch den Kopf und schließlich, ich gebe es zu, auch die bange Frage: „Wann kommt der Tag, an dem auch dein Name auf der Liste steht?"

Wir alle sind in Gottes Hand. Von dieser Gewißheit, der einzigen vielleicht, kündet auch das tragische Schicksal eines jungen Berufsjägers:

Es geschah in jenem Forstbetrieb, in dem ich etliche Jahre mein jagdliches Refugium und damit ein kleines Paradies hatte. Ich traf den Berufsjäger ein paar Mal. Er half mir bei der Bergung erlegten Wildes, und dabei fielen mir seine Hilfsbereitschaft und sein insgesamt sympathisches Wesen auf. Es war zu erwarten, daß sich zu seiner jugendlichen Begeisterung bald auch die notwendige Erfahrung gesellen und er ein tüchtiger Berufsjäger werden würde. Er war ein höflicher Blondschopf, auf den die Eltern stolz sein konnten, und sicher auch ein Typ, dem die Herzen der Mädchen zuflogen. Deshalb war es wohl auch keine Frage, ob er oder der schon etwas griesgrämig gewordene Oberjäger die Tochter eines Grundeigentümers, der seine Almflächen in die große Eigenjagd eingebracht hatte, auf einen Gams führen sollte.

Beide waren frohen Mutes, unbekümmert, wie es der Jugend zusteht, als sie an einem Novembertag loszogen, um oberhalb des großen Stausees auf die Pirsch zu gehen. Dort stehen die Gams im Herbst sehr gerne auf einer weiten Steilfläche, die halb nach Süden gerichtet ist, und besonders in der Brunft ist dort immer etwas los. Es lag noch kaum Schnee; nur in den steilen Rinnen, die direkt in den See münden, hatten sich Reste des ersten Schneefalls gehalten. Der erste Schuß ging, was bei einer aufgeregten Jungjägerin verständlich ist, daneben. Schnell, schnell, durchladen und nachsteigen! Die Gams beruhigen sich erfahrungsgemäß sehr bald und bieten dann meiste eine Chance für einen zweiten Schuß. Dann geschah es: Der noch nicht gefestigte Schnee in einer der Steilrinnen, kaum knöcheltief, begann zu rutschen und wurde zu einem kleinen Schneebrett, das abging. Das Mädchen konnte sich gerade noch an einem Strauch festkrallen, der junge Pirschführer sauste unaufhaltsam dem Wasser entgegen, dessen Temperatur um diese Jahreszeit nahe null Grad liegt. Der Hund konnte sich gerade noch ans Ufer retten, der Jäger flog ins Wasser, tauchte ein paar Sekunden wieder auf, schrie um Hilfe und versank. Das kalte Wasser, die schweren Schuhe, die rasch mit Wasser vollgesogene winterliche Kleidung – all das zusammen ließ dem jungen Jäger trotz der geringen Entfernung zum Ufer keine Chance.

Ich halte es sehr mit den antiken Dichtern. Den Satz des Plautus aber: „Wen die Götter lieben, den lassen sie jung sterben" kann ich bis heute nicht verstehen. Worin soll das Glück bestehen, jung zu sterben? Wo doch ein junger Mensch alles, was das Leben zu bieten hat, all das Schöne, noch vor sich hat! Sagte nicht Goethe schon: „Jugend ist Trunkenheit ohne Wein." Warum soll einem jungen Menschen dieser Zustand nicht möglichst lange geschenkt sein?

Ein zufällig in der Nähe befindlicher Trupp von Arbeitern des Kraftwerkes versuchte zu helfen und barg zuerst einmal die schwer geschockte Jungjägerin. Man begann auch sofort nach dem Versunkenen zu suchen, leider aber vergeblich. Erst einen Monat später gelang es beim letzten noch möglichen Tauchgang, bevor das Eis auf dem See sich zu schließen begann, den Verunglückten zu finden. Der Körper war bereits am Grund des Sees in Schlick, den wir Gletscherschliff nennen, versunken. Der starke Suchscheinwerfer, mit dem die Taucher die in der Tiefe herrschende Finsternis zu durchdringen versuchten, erzeugte ganz unverhofft einen verdächtigen Reflex. Es war das Fernglas, das noch am Hals des Ertrunkenen hing und den Lichtstrahl zurückwarf. Die Bergung gelang, und einige Tage vor Weihnachten konnte der Tote am Friedhof seiner Heimatgemeinde bestattet werden. Im Jahr darauf wurde schließlich sein Name bei der großen Hubertusmesse verlesen; für die meisten der Anwesenden war es vermutlich nur ein Name – für mich und für andere, die den Verunglückten kannten, die Erinnerung an ein besonders tragisches Schicksal.

Durch dieses Ereignis und andere Tragödien, die sich – wie an anderer Stelle erwähnt – im Laufe der letzten Jahre im Umfeld meines jagdlichen Tusculums ereigneten, wurde ich in meinem Entschluß bestärkt, dieses Tal, das zu einem Todestal geworden war, zu verlassen und die Jagd aufzugeben. Bei jedem meiner Schritte hätte ich vielleicht an diese Tragödien denken müssen. Kann sein, daß eine mit dem Alter einhergehende Resignation dabei auch eine Rolle spielte, denn die Unbefangenheit der Jugend hat mich leider schon lange verlassen. Vielleicht war es aber auch ein Prozeß des Klügerwerdens. Ein auch schon längst in die ewigen Jagdgründe gewechselter Freund, Arzt und zeitlebens begeisterter Jäger, meinte ja einmal voller Selbstironie: „Jagen – das ist bei manchen Jägern eine milde Form geistiger Verwirrung, die für den Betreffenden aber den Vorteil hat, gesund zu sein."

Über das Ziel hinauszuschießen und sich manchmal selbst zuviel zuzutrauen, ist bekanntlich ein Privileg der Jugend. Das könnte auch auf die jungen Demonstranten zutreffen, die uns in den letzten Jahren die „Freude" an der schon erwähnten Hubertusmesse zu verleiden suchten. Sie begleiteten den Anmarsch zur Hubertuskapelle mit ihren Transparenten, auf denen wir Jäger als Mörder beschimpft wurden. Diese jungen Menschen, die wahrscheinlich nicht immer ganz genau wissen, was sie da tun, stören mich mit ihren Aktionen, die von irgendwelchen besonders fanatischen Tierschutzaktivisten ausgehen, nicht so sehr. Schließlich habe ich als junger Mensch auch einmal demonstriert. Damals, es war die Zeit des Aufstands der Ungarn gegen den brutalen Panzerkommunismus, ging es in Wien gegen die unverschämten Sympathisanten der stalinistischen Gewaltherrschaft. Später schlug sich ein Teil der akademischen Jugend, für mich gänzlich unverständlich, auf die Seite der Gewalt. Ein Beweis, daß eine nach Idealen suchende Jugend oft allzuleicht falschen Propheten auf den Leim geht.

Von den Verantwortlichen der Jagd wünsche ich mir, daß nicht jeder, der im jugendlichen Überschwang die Faust gegen die Jagd erhebt, gleich zum Narren gestempelt wird. Wo steht denn auch geschrieben, daß der hehre Brauch, den gefrosteten Körper eines Hirsches aus Anlaß einer Hubertusmesse vor den Altar zu legen, eine prinzipielle Frage sein muß? Wenn es Menschen aus der städtischen Lebenswelt gibt, die ein solches Ritual nicht mehr verstehen, dann muß man sich doch auch fragen dürfen, ob es nicht oft besser wäre, einen alten Zopf abzuschneiden und dafür der Öffentlichkeit noch überzeugender als bisher zu sagen, worum es uns in der Jagd wirklich geht: Jagen ist mehr als Schießen und Beutemachen (und die Beute dann vielleicht noch mit großer Geste zur Schau stellen!).

Jagen heißt dem Leben Raum geben. Das mag als ein Widerspruch erscheinen, denn schließlich wird beim Jagen Wild getötet. Fällt aber nicht auch der Forstmann den Baum, um dem Nachwuchs Raum zu geben? Wir Jäger sind verhalten, die Gott sei Dank in unseren Kulturlandschaften noch vorhandenen Wildbestände nachhaltig und maßvoll zu nutzen. Ohne das Zusammenwirken von Bauern, Jägern und Forstleuten wäre der Fortbestand der von den Auswüchsen der Zivilisation in ihrer Existenz bedrohten Lebensräume mit ihrem oft weitgehend natürlichem Charakter kaum zu gewährleisten. Das Ideal der Urlandschaft, in der sich alles von selbst regelt, in dem sich Fressen und Gefressenwerden die Waage halten, ist unrealistisch! Um dieses Ideal zu verwirklichen, müßten wir uns eigentlich das Ende der zivilisierten Menschheit wünschen, und das wird doch niemand ernsthaft wollen. „Schützen durch Nützen“ ist die Parole unserer Zeit und der in vielen Teilen der Welt einzig gangbare Weg.

Jagen heißt auch, Konflikten nicht auszuweichen. Wenn Egoismus und Kurzsichtigkeit der Umwelt immer wieder schweren Schaden zufügen und tiefe Wunden hinterlassen, dann liegt es an uns Jägern, ruhig und sachlich die Stimme zu erheben und auf

Mißbrauch und Fehler hinzuweisen. Wir Jäger müssen auch allen anderen Naturnutzern klarmachen, daß der bedenkenlose kostenlose Konsum natürlicher Güter unzulässig ist.

Die Gesellschaft unserer Tage braucht uns Jäger. Denn wer sonst ist in einem hohen Maß bereit, für den von der Jagd in Anspruch genommenen Anteil an der Nutzung der Natur viel Zeit, Mühe, persönlichen Einsatz und mitunter auch eine Stange Geld aufzuwenden? Jagen soll aber trotzdem keine Angelegenheit von Soll und Haben werden. Sicher, in manchen Ländern unseres zu einer Einheit wachsenden Kontinents ist die Jagd in erster Linie ein bedeutender Wirtschaftsfaktor. Das soll auch so sein, denn in diesen Ländern, die bis heute an den Hinterlassenschaften des Kommunismus leiden, hat der Jagdtourismus einen hohen Anteil am gesamtwirtschaftlichen Erfolg und leistet einen wichtigen Beitrag zum wirtschaftlichen Aufbau. Dennoch – der Götze Profit, dem in unserer Zeit so viele Menschen huldigen, muß nicht immer und überall begrüßt werden!

Jagen heißt – und das nicht erst, seit von den Großen unserer Jagdliteratur, von Löns über Gagern bis Cramer-Klett, das Gemüt der Jäger angesprochen wurde – auch träumen zu dürfen. Ich werde die Stunde nie vergessen, in der ich, als ich am Rande einer großen Blöße im halben Schatten großer Bäume saß, einen besonderen Tagtraum hatte. Es umgaukelten mich Dutzende bunter Schmetterlinge, und es schien mir, als wären sie Sendboten einer fernen Welt. Sie trieben mit mir ihr Spiel und versetzten mich in einen Zustand, in dem die Grenze zwischen Zeit und Ewigkeit fließend wird. Solche Stunden sind Geschenke Gottes, für die man nicht oft genug Dank sagen kann.

Als ich noch Student war, wurde das Lied „Sind wir vereint zur guten Stund..." gerne gesungen. Es stammt von Ernst Moritz Arndt, dem Dichter der deutschen Freiheit und des Widerstandes gegen Napoleon, und es heißt darin: „Wem soll der erste Dank erschallen? Dem Gott, der groß und wunderbar aus langer Schande Nacht uns allen im Flammenglas erschienen war!" Das mag zwar in unserer nüchternen Zeit für mancher Leute Ohren zu pathetisch klingen und vielleicht auch die Frage provozieren, ob nicht Schande und Finsternis längst wieder von der Menschheit Besitz ergriffen haben. Dennoch, wir alle, wir Jäger aber ganz besonders, müssen dem Herrgott zu jeder „guten Stunde", und das kann auch eine Hubertusmesse sein, dafür danken, daß er uns in Frieden leben läßt und uns Wege weist, durch die wir das Geheimnis der Schöpfung erahnen und damit den Sinn des eigenen Lebens erkennen können. Verantwortungsbewußtes und anständiges Jagen kann, dessen bin ich mir gewiß, einer dieser Wege sein.

Aus unserem Programm

Stocker stv **Leopold Stocker Verlag**
Graz – Stuttgart

Aus unserem Programm